한국 기독교의 발자취

김 수 진 지음
총회교육자원부 편

한국장로교출판사

한국 기독교의 발자취

초판인쇄 · 2001년 7월 20일 / 2005년 10월 30일 · 3쇄발행
지은이 · 김 수 진
편집인 · 대한예수교장로회총회교육자원부
총 무 · 김 치 성
주소 · 110-470/서울특별시 종로구 연지동 135
전화 · (02) 741-4356~7/(F) (02) 741-3477

발행인 · 박 노 원
발행소 · 한국장로교출판사
주소 · 110-470/서울특별시 종로구 연지동 135
한국교회100주년기념관(별관)
전화 · (02) 741-4381~2/(F) (02) 741-7886
등록 · No. 1-84(1951. 8. 3)
ISBN 89-398-0072-9 / Printed in Korea

값 7,000원

머 리 말

　금번에 '한국기독교의 발자취'라는 이름으로 한국교회 역사에 대한 책을 발간하게 된 것을 먼저 하나님께 영광을 돌리며 감사드린다.
　역사책은 정확성과 사실성, 그리고 진실성이 생명이다. 그러므로 독자들은 역사책을 읽으면서 과거에 있던 일을 오늘 일어나는 일처럼 마음이 흥분되고 감동하게 된다. 역사책은 단순히 과거에 있었던 일이나 사건을 기록한 참고 자료에 그치는 것이 아니라 오늘을 도약하게 하고 미래의 새로운 방향을 제시해 주는 용기와 지혜를 갖게 하는 역할을 한다. 그래서 본 교회사 '한국기독교의 발자취'는 사건과 시대, 인물의 정확성, 역사적 사실성, 진실성을 갖추고자 노력하였다. 본 서를 집필하신 저자도 각별한 노력을 기울였음을 이 책을 읽는 독자들도 함께 느끼게 될 줄로 믿는다.
　내용으로는 한국기독교 복음의 전래과정과 교회의 설립과 성장, 일본의 침략과 교회박해에 대한 저항, 그리고 나라와 민족을 위한 구국운동, 해방과 교회재건과 교회분열의 아픈 역사, 6·25전쟁의 비극 속에서의 교회와 그 후의 교회성장, 그리고 민주화운동 등에 관한 중요점을 잘 정리하여 기록하였다.
　본서는 목회자들은 물론 신학생과 평신도들도 쉽게 이해할 수 있도록 하였으므로, 독자 여러분들에게 크게 도움이 될 수 있으리라 생각한다.

바쁘신 가운데서도 좋은 글을 집필하시느라 수고하신 김수진 목사님께 깊은 감사를 드리며, 편집을 위해 수고하신 총회교육자원부 간사 엄순희 목사, 이승철 장로와 한국장로교출판사 사장 박노원 목사님과 채형욱 목사에게도 감사를 드린다.

2005년 9월 20일
대한예수교장로회총회교육자원부
총무 김 치 성

저자서문

그 동안 한국교회는 100년을 맞이하면서 엄청난 축복받은 교회로 성장하였다. 그런데 대부분의 교인들은 한국교회가 성장한 것은 자신들의 신앙에 의해서라고 생각하는 사람들이 대부분이다. 그러나 역사를 알고 보면 그렇지 않다는 사실을 새삼스럽게 깨닫게 될 것이다. 이러한 역사적인 사실을 깨닫고 있는 교인들이 얼마나 될까? 여기에 목회자도 마찬가지이다. 더욱이 우리네 사람들은 자기의 것을 소중하게 여기지 않고, 또한 자연히 자기의 것을 잊고 사는 사람들이 너무나 많다는 것을 깨닫게 된다. 더욱이 자라나는 젊은층은 역사에 대한 관심에서 더 멀어져 가고 있다. 책을 보려고 하면 책의 양이 많고, 내용도 만만치 않아 얼른 손에 쥐고 읽을 수 있는 책이 별로 없다는 것이 공통적인 생각들이다.

평소 편안한 마음으로 쉽게 읽을 수 있는 한국교회사가 있었으면 좋겠다는 생각을 갖고 있던 차에 총회 교육부로부터 한국교회사의 집필의뢰를 받고 '한국 기독교의 발자취' 라는 제목으로 집필을 하게 되었다. 페이지를 줄이려고 노력하였다. 그리고 독자들이 흥미를 가지고 읽을 수 있도록 가능한 사진을 많이 옮겨 놓아 독자들이 사진과 함께 재미있게 읽으며 별 부담 없이 읽을 수 있도록 만들었다.

또한 역사는 바르게 기록해야 한다는 원칙을 갖고 집필했기에 과거 한국교회의 수치스러웠던 부분도 낱낱이 기록하였으며 반면 자랑스러운 과거 일제의 저항운동이나 최근 군사정권으로부터 탄압을 받으면서도 꺾이지 않던 민주화 운동에 이르기까지의 기록도 남기었다. 결국 아무리 힘센 정권이라도 민중의 힘 앞에는 굴복한다는 사실을 알게 하기 위해 남기기로 한 것이다.

새로운 21세기를 맞이하면서 한국교회가 가져야 할 큰 뜻이 있다. 그것은 남북한 평화통일의 문제이다. 과거 한국교회가 민주화를 위해 애쓴 그 힘으로 남북평화통일을 위해서 기도하고 노력한다면 그 뜻이 꼭 이루어지리라고 믿는다.

끝으로 이 책의 내용은 예장 통합측 총회교육부에서 발행한 책이기 때문에 가능한 예장 통합측의 부분이 좀더 구체적으로 기록되었음을 알려 드린다. 이 책을 집필하면서 많은 주(註)가 요청되었지만 독자들의 독서에 부담이 될 것 같아서 일절 생략하였으며 그 대신 참고문헌을 소개하였으므로 참고하기를 바란다. 이 책이 출판되기까지 힘써 준 총회교육부 총무 최기준 목사와 편집기획을 맡은 엄순희 목사께도 감사를 드린다. 또한 이 책이 나오기까지 수고한 한국장로교출판사 사장 박노원 목사와 교정 교열에 참여한 채형욱 목사에게도 감사를 드린다. 이와 함께 많은 사진을 제공해 준 한국교회사료연구원 김응호 국장에게도 감사를 드린다.

2001년 1월 연구실에서
김 수 진

차례

머리말 / 5
저자서문 / 7

1장 한국과 기독교의 만남 ─────────── 11
1. 중국을 통한 기독교의 만남 / 13
2. 일본을 통한 기독교의 만남 / 19
3. 초기 선교사들의 입국과 선교사업 / 25
4. 초기 연합운동과 문서운동 / 57

2장 한일합병과 한국교회의 성장 ─────── 63
1. 한일합병과 한국교회 / 65
2. 부흥운동과 한국교회의 성장 / 71

3장 한국교회의 저항과 민족운동 ─────── 91
1. 저항운동과 한국교회 / 93
2. 3·1 독립운동과 기독교 / 96
3. 신사참배 반대운동과 저항운동 / 101
4. 기독교의 변질과 일본 교단의 출현 / 109

4장 일제의 패망과 해방 ─────────── 115
1. 해방과 북한교회의 재건과 수난 / 117

2. 해방과 남한교회의 재건 / 120
3. 각 기관 재건 / 125

5장 장로교 분열과 6·25 한국전쟁 ——————— 131
1. 장로교 분열 / 133
2. 기타 교파 분열 / 143
3. 6·25 한국전쟁과 한국교회의 수난 / 147

6장 한국교회의 성장과 민주화운동 ——————— 159
1. 교회 성장과 선교 100주년 / 161
2. 민주화운동 / 166

7장 통일을 향한 한국교회 ——————— 195
1. 조선기독교도연맹의 출현 / 197
2. 북한 기독교 대표자들과의 만남 / 198
3. 한국교회 일치운동에 대한 전망 / 209
4. 통일을 향한 일본교회, 중국교회, 호주연합교회의 역할 / 212

부록 〈한국기독교 연대표〉 ——————— 225
참고문헌 240

1장

한국과 기독교의 만남

1. 중국을 통한 기독교의 만남 • 13
2. 일본을 통한 기독교의 만남 • 19
3. 초기 선교사들의 입국과 선교사업 • 25
4. 초기 연합운동과 문서운동 • 57

1장
한국과 기독교의 만남

1. 중국을 통한 기독교의 만남

1) 토마스 선교사와 기독교의 만남

한국에 기독교가 전해진 것은 임진왜란(1592-1598) 때로 거슬러 올라간다. 이때 한국을 침략하기 위해서 상륙했던 고니시(小西行長) 장군이 이끈 부대가 경남 웅천에 머물고 있었다. 고니시 장군은 부대원들의 사기를 진작시키기 위해서 1594년 초, 일본에 주재하고 있는 천주교 예수회 소속 세스페데스(G. Cespedes) 선교사를 초청하여 웅천에 상륙해 있던 일본군 진지를 순회하면서 예배를 인도하게 하였다.

그 후 한국에서는 중국과 자주 왕래가 이루어지고 중국으로부터 서양에 관한 한문서적이 유입되면서 기독교를 접하게 되었다. 천주교를 접한 한국인들은 기독교에 대한 호기심을 갖고 따로 모임을 갖게 되었다. 이 무렵 이승훈은 아버지와 함께 중국 북경을 방문하고 1784년 초, 북천주당에서 그라몽(L. de Grammont) 신부로부터 세례를 받음으로 한국 천주교회의 출발이 되었다. 이후 100년 가까이 탄압을 받으면서 수많은 사람들이 순교를 당하기도 하였다.

기독교(개신교)도 천주교처럼 순교의 피를 흘리면서 한국 땅에 상륙하였다. 한국에 최초로 기독교(개신교) 선교사로서 내한했던 사람은 네덜란드 선교회 소속 귀츨라프(K. F. A. Gutzlaff) 선교사였다. 귀츨라프는 중국 산동성 위해(威海)를 떠나 1832년 7월 충청남도 홍주만 고대도 앞바다에 정박하고 홍주 성읍의 관리를 만나 성경과 전도 문서지를 국왕에게 선물로 전해 달라고 요청하였다. 회답을 기다리고 있던 귀츨라프 일행은 고대도 섬주민들과 접촉하면서 전도지를 나누어 주었으며 감자도 선물로 주면서 감자 심는 법까지 가르쳐 주었다. 또한 의약품도 나누어 주자 섬주민들은 대단한 호기심을 갖게 되었다. 그러나 불행하게도 정부에서 기독교를 받아들일 수 없다는 전갈이 오자 곧 철수하고 그 길로 일본 오키나와로 향하여 그 곳에서 일본어 성경을 번역하기도 하였다.

한국의 선교에 대한 열정을 가진 이는 그 누구보다도 중국에서 활동하고 있던 외국 선교사들이었다. 이중 중국 상해에서 선교활동을 하던 토마스(R. J. Thomas) 선교사는 한국 선교를 위해 평양에서 순교함으로 한국에 기독교를 뿌리내리게 하였다. 토마스는 1863년에 목사안수를 받고 부인과 함께 중국 상해에 도착하게 되었다. 그 곳에서 선교사로 활동한 지 얼마 안 된 1864년, 부인 캐럴라인이 그만 사망하고 말았다. 이에 충격을 받은 토마스는 잠시 선교사의 임무를 그만두고 중국 지푸(현 산동성 연태)로 올라가 그 곳에서 해관 통역 업무를 보게 되었다.

때마침 그 곳에서 스코틀랜드 성서공회 총무 윌리암슨(A. Williamson)을 만나면서 시간이 허락한 대로 자원봉사자로 성서 반포에 일익을 담당하게 되었다. 이때 한국에서 건너온 두 천주교 신자를 만났다. 이들은 예수의 십자가상과 묵주를 손에 들고 있었다. 뜻하지 않게 기독교 신자를 만난 토마스는 그들과 대화하는 중에 이미 한국에 천주교 신자가 있음을 알고 여간 기뻐하지 않았다. 토마스는 윌리암슨의 도움으로 한문으로 된 성경을 이들에게 전해 주었으며, 성경을 받은 일행들은 너무 기뻐서 어찌할 줄 몰랐다. 이러한 광경을 보면서 토마스는 곧 해관 업무를 그만두고 자원봉사자로서 번역된 성경을 한아름 안고 한국인의 안내를 받으면서 지푸를 떠나 한국 선교여행을 떠나게 되었다. 그는 황해도 앞바다에 널려 있는 여러 섬을 다니면서 성경을 배포하게 되었으며, 성경을 받은 사람은 모두 다 얼굴에 기쁨이 가득 차 있었다. 이렇게 2개월 반 동안의 선교여행을 마친 토마스는 지푸로 돌아가 다시 한국 선교에 임하기 위해 준비하고 있었다.

잠시 북경에 머물고 있는 동안에 그는 뜻하지 않게 한국에서 왔다는 여러 사람을 만나게 되었으며, 이 일로 다시 한국에 나가 성경을 전할 계획을 세워 놓고 있었다. 이 무렵 지푸에서는 한국에 가려던 상선 제너럴 셔먼호가 있었다. 좋은 기회라고 생각한 토마스는 즉시 윌리암슨 총무에게 이야기하여 많은 성경을 싣고 1866년 8월 9일 선원들과 함께 지푸를 떠나 한국으로 향하였고, 일주일 후 평양 시내를 흐르고 있는 대동강 입구에 도착하여 강줄기를 따라 서서히 평양으로 향하고 있었다. 배가 머무는 곳마다 정부 관리의 검문을 받으면서 대화를 나누었고, 이럴 때마다 긴장이 고조되었다. 토마스는 몇 번이고 자신은 천주교가 아니고 예수교임을 설명하면서 예수교를 전파하러 왔다고 밝혔다.

그러나 토마스가 타고 온 배가 무장된 것을 본 모든 병사들은 놀라고 말았다. 이때 평양성을 지키고 있던 군인들은 배를 향하여 포문을 열어 활과 총을 쏘았다. 이러한 공격을 받은 배는 곧 퇴각하였지만 그만 양각도 모래톱에 좌초되고 말았다. 그리고 공격이 더욱 거세지자 배에 머물고 있던 토마스와 그 일행들은 뭍에 내리지 않을 수 없었다. 1866년 9월 4일, 결국 이들은 군인들에 의해 타살되었으며 토마스는 27세의 나이로 한국 선교를 위해 한 알의 밀알이 되었다. 이때 토마스는 자신을 향해 칼을 내두르는 군인들에게 성경을 전파하면서 예수를 믿으라고 외쳤다 하니 이것은 그가 얼마나 한국을 사랑했는지 잘 입증해 주고 있다. 이 사건을 계기로 한국이 미국에 알려지게 되었으며 미국은 이를 보복하기 위해서 한국에 미국 군함을 보내어 신미양요를 일으켰고, 이 일이 있은 지 얼마 안 된 1882년 한·미수호통상조약이 체결되면서 미국교회가 한국에 대한 관심을 갖고 기도하기에 이르렀다.

2) 로스 선교사와 의주 청년들의 개종

중국 지푸에 상주하고 있던 윌리암슨의 한국에 대한 선교 열정은 남다르게 강하였다. 토마스의 순교가 헛되지 않도록 중국에서 선교 활동을 벌이고 있던 여러 선교사들과 함께 한국 선교에 힘을 쏟고 있던 그는 스코틀랜드교회에 선교사 파송 요청을 하였다. 이러한 요청을 받은 스코틀랜드교회에서는 로스(J. Ross)와 맥킨타이어(J. MacIntyre)를 선교사로 파송하였으며, 이때 윌리암슨은 두 선교사가 1872년 8월 중국에 도착하자 곧 중국 요령성에 있는 영구(營口)에 정착하게 하고, 평양에서 순교한 토마스 선교사에 대한 이야기를 들려 주었다. 윌리암슨은 토마스의 순교 1주기를 만나 요령성에 있는 고려문에 드나들면서 한국 선교의 가능성을 타진하였다. 고려문은 중국인과 한국인이 서로 만나 물물 교환 하는 장소였기에 로스도 윌리암슨의 이야기를 귀담아 듣고 영구를 떠나 1874년 10월에 고려문을 방문하였다. 고려문은 압록강 강변에 있는 단동에서 그리 멀지 않는 봉황성 아래에 있는 작은 마을로 중국과 한국이 자유롭게 교역이 이루어지던 관문이기도 하였다.

로스는 고려문에서 많은 한국인들에게 한문성경을 팔면서 전도하였지만 그 누구도 그의 말에 귀를 기울이지 않았다. 그런데 50대로 보이는 한 한국인 상인이 찾아오게 되었고, 로스는 그에게서 한국에 대한 자세한 이야기를 들을 수 있었으며 잠시였지만 한국어의 어법이 어떤 것인가를 알 수 있었다. 그리고 그에게 성경을 전해 주었다. 훗날 그의 아들 백홍준은 로스에게 세례를 받는 기적도 일어났다.

로스는 1876년 4월 2차 선교여행시 고려문을 방문하게 되었다. 한국 선교에 열망을 품고 있던 로스는 한국어 교사를 찾고 있었다. 그런데 이 무렵 뜻하지 않게 평안도 의주 청년 이응찬을 만나게 되었다. 원래 이응찬은 압록강을 가로지르면서 물건을 싣고 다니던 상인이었는데 어느 날

1. 한국과 기독교의 만남 ◆ 17

충청도 홍주읍에 상륙하여 선교를 시도했던 귀츨라프 선교사

토마스 선교사 순교 60주년 기념을 맞이하여 평양에 설립된 토마스 선교사 기념관과 토마스 선교사(1926년)

갑자기 풍랑을 만나 물건을 압록강에 다 버리고 겨우 몸만 살아 중국에 가게 된 것이었다. 이때 중국인의 소개로 로스를 만나게 되었으며, 로스는 이응찬을 하나님이 보낸 사람으로 여기고 그에게 한국어를 배웠다. 로스는 한글성경을 출판하기 위해서 계획을 세워 놓고 기도하던 중에 이응찬을 만났으니 얼마나 기뻤을까! 이러한 기쁨을 이응찬과 함께 나누면서 요령성의 행정 중심지인 심양(瀋陽)으로 옮겨 갔다. 로스는 곧 심양에 자리를 잡고 한국어를 배웠으며, 이응찬의 도움으로 1877년 기초 한국어 교재를 발간하였다.

고향을 떠난 지 여러 해가 된 이응찬은 한자로 된 쪽복음 몇 권을 가지고 가서 의주 친구들에게 나누어 주었으며 이 무렵 뜻하지 않게 로스는 서상륜과 서경조 형제를 만나게 되었다. 서상륜 형제는 홍삼 장사차 영구에 왔는데 서상륜이 갑자기 알 수 없는 병에 시달리고 있었다. 이때 어느 중국인의 안내로 영구병원에서 헌터 의료선교사를 만나 겨우 생명을 되찾을 수 있었다. 이 곳에서 맥킨타이어를 만나 예수를 믿게 되었으며, 그 후 로스에게 소개되어 그를 도우면서 누가복음을 번역하였다. 이들의 신앙이 점점 성장하자 1876년 이응찬, 백홍준, 이성하, 김진기 등 4명이 맥킨타이어로부터 세례를 받음으로 한국 기독교 역사에 영원히 남을 최초의 신앙의 공동체가 중국 땅에서 형성되었다. 이후 로스나 맥킨타이어는 바쁜 나날을 보내게 되었다.

이중 로스는 한국에 한문으로 문화를 이루고 있는 특수 계급층보다는 절대 다수를 차지하는 서민을 위해 성경을 한글로 번역하는 것이 더욱 시급함을 알았다. 그래서 의주 청년의 도움을 받아 성경 번역 출판에 힘을 기울임으로 1882년 봄에는 심양(瀋陽)에서 누가복음, 요한복음을 출판하였으며 1887년에는 신약전서를 완전히 번역 출판하였다. 이러한 일이 있기까지는 로스를 지원해 주고 있던 스코틀랜드 교회의 기도를 빼놓을 수 없다. 이후 로스 선교사는 의주 청년들을 조사 또는 매서로 임명하고 전도사업에 힘을 쏟았다.

최초로 쪽복음이 완성될 때 식자공이었던 김청송은 곧 한국인이 많이 살고 있는 옛 고구려의 고도인 즙안을 중심해서 쪽복음을 나누어 주면서 전도하였다. 그런데 뜻하지 않게 많은 사람들이 호감을 갖고 심양에 있는 로스에게까지 찾아가 기독교에 대한 진리를 질문하면서 많은 것을 배웠다. 1884년 11월 즙안은 하나님의 축복이 내리듯 온통 눈으로 덮여 있었다. 이때 로스는 그 추위를 무릅쓰고 최초로 75명 남자에게 세례식을 거행함으로 즙안에 최초의 한국인 신앙공동체가 형성되었다.

2. 일본을 통한 기독교의 만남

1) 이수정의 개종

북쪽 중국에서의 선교 활동은 한국교회 출발에 크게 기여하였다. 이에 못지않게 남쪽 일본에서도 한국 선교를 위해서 활동했던 이수정(李樹廷)의 역할도 만만치 않았다. 이수정은 1882년 임오군란시 황후 민비를 구출했다 하여 황후는 그에게 '선략장군'이란 칭호를 주었다. 이수정에게 제2차 신사유람단 일원이 되어 비수행원으로 일본에 갈 수 있는 기회가 주어졌다. 1882년 10월, 이수정 일행은 인천을 떠나 일본 요꼬하마를 거쳐 동경에 들어갔다.

동경에 도착한 이수정은 비수행원이었기에 자유롭게 개인 활동을 할 수 있었다. 이러한 관계로 곧 동경에 있는 일본인 교계 지도자 쯔다(津田仙)를 만나 대화하는 가운데 기독교에 대한 새로운 진리를 접할 수 있었다. 이때 쯔다는 이수정에게 한문 신약전서를 선물로 주었다. 이수정은 그 성경을 받고 즉시 숙소로 돌아와서 성경을 읽는 중에 기독교로 개종하기로 결심을 하였다. 이때 쯔다는 그의 결심에 놀라 일본인 목사 나까다(長田時行)를 소개하고 그의 지도를 받게 하였다. 그의 지도를 받은 이수정은 그 해 12월 25일 동경제일교회에 출석하여 함께 성탄절 예배를 드리면서 새로운 기독교 문화에 놀라고 말았다. 새로운 기독교 문화를

중국 심양에서 누가복음, 요한복음을 번역했던 로스 선교사는 1887년 신약전서를 완역하여 발행하였다.

중국 동북 공정정책에 의해 고려문을 헐고 그 자리에 1995년, 변문진을 세웠다(좌측은 필자, 우측은 대신대학교 박정규 박사).

접하게 된 이수정은 세례를 받을 결심을 하고 1883년 4월 29일 주일 아침에 동경 노월정교회(현 芝教會=시바교회)에서 일본인 야스가와(安川亨) 목사와 낙스(G. W. Knox) 선교사에 의해 세례를 받았다. 그가 세례를 받기까지는 많은 노력이 요청되었으며, 세례를 받기 위해서 문답이 2시간이나 소요되기도 하였다. 이러한 결과로 이수정은 일본에 온 지 7개월 만에 한국인으로서는 첫 신자가 되는 기쁨을 누렸다.

이수정이 세례받은 그 해 5월에는 전 일본기독교대회가 동경에서 모일 때 한국을 대표해서 한국어로 대표 기도하는 일까지 있었는데 이 날 대회에 출석했던 일본인들은 다같이 "아멘"으로 끝을 맺기도 하였다. 그 다음날에는 요한복음 15장을 읽고 자신의 신앙을 고백하는 등 적극적인 자세로 임하였다. 이수정의 신앙고백을 접한 일본에서 활동하고 있던 미국 선교사들은 한국에서의 선교 가능성을 새롭게 발견하였다.

2) 일본에서의 이수정 활동

이수정은 일본 요꼬하마에서 활동하고 있던 미국 성서공회 총무 루미스(H. Loomis)에게서 한국어 성경 번역 요청을 받고 한문성경에 토를 다는 방법으로 소위 '현토성서'(懸吐聖書)를 발간하였다. 그런데 이 성경은 지식층에게만 사용할 수 있게 되어 다시 일반 백성들이 쉽게 접할 수 있는 성경이 요청되자 루미스의 협력으로 순한글로 마가복음서 1천 부를 1885년 2월 일본 요꼬하마에서 번역 출판하였다. 이어서 이수정은 계속해서 마태복음서, 누가복음서, 요한복음서, 사도행전 등을 번역 출간하려고 하였지만 그 일은 끝내 완성하지 못하였다. 그러나 다행히 동경외국어대학 조선어과 교수 손붕구의 교열과 교정으로 훌륭한 마가복음서를 발간하였다.

그 후 일본 주재 감리교 선교사 맥클레이(R. S. MacLay)의 요청으로 감리교 요리문답서를 번역 출간하였다. 그리고 놀라운 것은 이수정이 번역했던 마가복음서를 한국 선교에 기틀을 마련했던 언더우드와 아펜젤러 선교사가 인천에 상륙할 때 한아름씩 안고 들어왔다는 것이다.

이수정은 자신이 믿고 있는 기독교가 너무 좋아서 혼자 간직할 수 있는 그러한 진리가 아니라 자신이 받았던 은혜를 모든 사람들에게 전해야 한다면서 한국에서 유학 온 유학생들에게 복음을 전하고 나섰다. 30여 명의 한국 유학생이 동경에 와서 공부하고 있었다. 이때 동경외국어대학에는 한국에서 온 손붕구가 한국어 교수로 봉직하고 있었는데 때마침 이수정의 전도에 감동되어 그도 예수를 믿게 되었으며, 그와 함께 30여 명의 유학생이 모두 개종하였다. 손붕구는 이수정으로부터 성경과 교리를 배웠다. 이때 한국에서는 예수 믿는 사람은 누구나 다 처형당하는 그러한 때였다. 그러나 손붕구나 이수정은 순교를 각오하고 신앙을 고백하였다.

이수정의 활동으로 동경에 온 유학생들이 모두 개종하고 그의 지도를 받으면서 성경공부에 임하였다. 이들의 집단적인 개종으로 1883년 말에는 동경에 새로운 공동체가 형성되었는데 이 신앙인의 공동체가 현 동경한인교회가 되었다. 이수정은 30여 명의 유학생을 중심으로 성경학교를 개설했는데 '동경안식일(주일)학교' 라고 불렀다.

이처럼 이수정은 성경 번역하는 일과 안식일(주일)학교 운동을 벌였으며, 또한 일본에 있는 동안 미국 선교사들의 사역에 놀란 이수정은 미국교회를 향하여 선교사를 보내 달라는 '선교사 유치운동'을 전개하였다.

이수정은 일본교회 목사와 일본에서 활동하고 있는 선교사들의 도움으로 1883년 7월과 11월 2회에 걸쳐 미국교회에 서신을 보내었다. 이 서신은 지난날 한국에서 생명을 무릅쓰고 천주교를 믿었던 이야기를 서두로 하여 얼마 있지 않으면 한국에서도 신앙의 자유가 올 것임을 강력하게 피력한 내용의 서신이었다. 이 서신은 곧 미국교회의 선교잡지에 소개되었으며, 이 잡지를 읽은 미국교회의 젊은 실업가 맥윌리암스가 5천 불을 헌금하였다.

굳게 닫혔던 한국의 문이 서서히 열려 가고 있었다. 1882년 5월

한·미수호통상조약으로 인하여 한국 정부에서는 1883년 7월 미국에 특명전권공사 민영익을 비롯하여 7명을 파견하였다. 이들 일행은 인천 제물포를 출발해서 일본 요꼬하마를 거쳐 그 해 9월에 미국 샌프란시스코에 도착하였고 다시 샌프란시스코를 출발해서 시카고에 이르렀다. 이때 한국 선교에 관심이 많았던 미국 감리교 지도자 카우처 박사를 만났다. 일행을 통해 한국 사정을 잘 알게 된 카우처 박사는 선교비의 일부인 2천 불을 헌금하였고, 이후 한국 선교를 위해서 많은 기도를 하게 되었다.

이러한 선교의 열정이 밖에서 서서히 대두될 무렵 일본에서 활동하고 있던 미국 감리교 소속 맥클레이가 이수정, 김옥균 등과 접촉을 하면서 한국 선교에 문을 두들겼다. 1884년 6월 24일 맥클레이는 인천 제물포 항에 도착한 즉시 김옥균을 만나 한국에서 학교사업과 병원사업을 할 수 있도록 고종 황제에게 허락받아 줄 것을 요청하였다. 김옥균의 노력과 맥클레이의 그 간절한 기도가 이루어져 두 가지 사업을 할 수 있도록 허락을 받고 7월 8일 일본을 향해 떠났다.

일본에서 활동하고 있던 이수정과 맥클레이, 그리고 일본에 있는 미국 선교사와 일본인 목사들의 기도로 한국에 두 가지 사업을 할 수 있도록 길이 열리고 있었다. 이들의 수고로 미국 북장로교 선교사로 중국에서 활동하던 의료선교사 알렌(H. N. Allen)이 1884년 9월 20일 인천 제물포에 도착하게 된 것이다. 그러나 이렇게 한국 선교에 공이 컸던 이수정은 불행하게도 1886년 5월에 귀국하자마자 관원에게 체포되어 처형되었다. 일본 동경한인교회에서 시무하면서 이수정을 연구했던 오윤태 목사는 그를 순교자라고 말하고 있다.

1883년 5월 일본 동경에서 모인 일본기독교지도자대회.
앞줄에 한복 입은 사람이 이수정, 오른쪽에서 세 번째가 유하사 지로, 다섯 번째가 농학자 쯔다 젠, 둘째 줄 오른쪽에서 네 번째가 니지마 조, 다섯 번째가 우찌무라 간죠이다.

3. 초기 선교사들의 입국과 선교사업

1) 미국 장·감 선교사들의 입국과 활동

중국과 일본에서 활동했던 선교사들의 기도로 한국에 새로운 기독교 문화가 접목되는 시기에 미국 북장로교의 알렌이 최초로 의료선교사로 내한하게 되었다. 그 후 1885년 4월 5일 부활절을 맞이하여 미국 북장로교의 언더우드(H. G. Underwood), 미국 감리교의 아펜젤러(H. G. Appenzeller) 선교사가 각각 인천 제물포항에 도착하였다. 이중 아펜젤러 선교사 부부는 한국의 정세가 불안하므로 잠시 인천에 머물렀다가 다시 일본으로 되돌아갔다. 언더우드는 알렌의 인도를 받으면서 서울에 안착하게 되었으며, 1885년 4월에 고종 황제로부터 하사받은 광혜원 병원에서 알렌을 도우면서 교사로 교육사업에 임하게 되었다. 그 해 5월 1일에는 스크랜톤(W. B. Scranton)이 입국하였으며, 6월에 아펜젤러 부부와 스크랜톤 부인이 함께 입국하였다. 이 무렵 미국 북장로교 의료선교사로 헤론(J. W. Heron) 부부가 도착하였다. 이렇게 내한한 선교사들은 미국 공사관이 있는 시내 중구 정동에 각각 자리를 잡고 선교사역에 임하였다.

이미 알렌 선교사를 돕고 있던 언더우드는 광혜원에서 교사로서 사역에 임하였으며, 아펜젤러는 정동에 배재학당(현 배재중·고등학교)을 설립하고 교육에 임하였다. 1년 후에 언더우드도 정동에 예수학당(현 경신중·고등학교)을 설립하였다. 1886년 5월 스크랜톤(M. F. Scranton) 선교사 대부인에 의해 이화학당(현 이화여자중·고등학교)이, 1887년 미국 북장로교 엘러스(A. J. Ellers)에 의해 정동여학당(현 정신여자중·고등학교)이 각각 설립되고 기독교 문화를 가르쳤다. 남존여비 사상이 특별히 강했던 당시 한국사회에서 여학생을 모집한다는 것은 여간 힘든 일이 아니었다. 이러한 관계로 초창기 여학생들은 고아, 과부, 첩과 같은 소외계층들이었다. 이 소외계층들이 교육을 받고 한국 근대화 여성운동에 크게 기여했던 것은 역사가 잘 입증해 주고 있다. 이중 박에스더를 비롯하여 하란사, 이경숙, 여메레 등은 모두 다 천민계층으로서 양반사회에서 철저하게 업신여김을 받았던 여성들이었다.

위의 학교들은 선교부에서 선교할 목적으로 설립되었다 하여 '미션 스쿨'이라고 불렀으며 미션 스쿨에서 가르친 과목은 한문, 역사, 지리, 수학, 과학 등 일반 과목이었다. 미션 스쿨의 성격상 성경과목은 필수였으며 매일 아침마다 예배시간이 있어서 신앙훈련을 담당하기도 하였다.

한편, 정동에 자리잡았던 선교사들 중 언더우드는 선교의 자유를 얻게 되자 1887년 9월 14일 그의 자택에서 14명의 교인을 불러모아 정동장로교회를 설립하였다. 그 후 교인들이 모여들자 신문내로 이전하고 새문안교회라고 불렀다. 역시 아펜젤러도 정동감리교회를 설립하였으며 정동제일감리교회라고 부르면서 오늘에까지 이르게 되었다.

이 외에도 선교사 리(G. Lee, 이길함)가 내한하여 1894년 연동교회를, 의료선교사인 헤론이 남대문교회를, 1904년 선교사 무어(S. F. Moore, 모삼열)가 천민과 양반을 상대로 승동교회를 각각 설립하였다. 승동교회에서 장로를 투표할 때 천민이 장로로 피선되자 양반들이 천민과 함께 예배를 드릴 수 없다 하여 1909년 승동교회에서 이탈한 양반 박승봉, 유성준 등이 분립하여 안동교회가 설립되었으며, 1910년 연동교회에서도 장로피택시 천민이 당선되자 이원긍 등에 의해 묘동교회가 설립되었다. 이중 무어 선교사는 소외계층의 천민을 중심으로 사역에 임하면서 서울 외곽에 여러 교회를 설립하였으며 소외계층의 천민의 차별을 없애는 운동에 앞장서 결국 천민도 양반과 똑같은 신분의 보장을 받기에 이르렀다.

1. 한국과 기독교의 만남 ◆ 27

일본에서 활동하던 이수정과 맥클레이 선교사의 활동으로
한국의 선교가 시작되었다.

맥클레이 선교사

개신교 첫 선교사로서 입국한 알렌 의사

1885년 4월 5일 아펜젤러(왼쪽)와 언더우드(오른쪽)
선교사가 인천에 상륙

말년의 언더우드 선교사 부부

그 후 미국 북장로교 선교사들이 속속 내한하면서 선교사역은 활발하게 진행되었다. 경상남도와 부산에서 활동했던 베어드(W. M. Baird, 배위량) 선교사는 그 지역을 호주장로교 선교부로 넘겨 주고 1896년 1월 경상북도 대구에 자리를 잡고 대구와 경상북도 일대를 떠맡았다. 그러나 베어드는 얼마 후 평양선교부로 이동하였고 1897년 봄 아담스(J. E. Adams, 안의화), 그 후 존슨(Dr. W. O. Johnson, 장인차), 브루엔(H. M. Bruen, 전해리), 사이드보탐(R. H. Sidebotham, 사리추), 맥파랜드(E. F. McFarland, 맹의화), 어드맨(W. C. Erdman, 어도만), 플레처(Dr. A. G. Fletcher) 등 많은 선교사들이 의료, 교육, 교회설립 등 많은 수고를 하였다.

그리고 경상북도 동부지방의 선교를 위하여 1902년 아담스 선교사가 최초로 방문을 하고, 이어 웰본(A. G. Welbon, 오월반) 선교사가 파송되어 1911년 안동선교부를 창설하였다. 그 후 레니키(E. A. Renich), 엔더슨(W. S. Anderson, 안대선), 소오텔, 크로더스, 윈, 보켈 등 복음사역자와 의료선교사로 스미스, 플레처, 버커비츠 등 많은 선교사들이 활동하였다. 이들은 안동을 중심으로 울진, 봉화, 영주 등에서 선교사업에 임하였다.

서울에 정착했던 미국 북장로교 선교사들은 서울과 경기도를 맡아 사역에 임하였으며 경기도와 인접해 있는 충청북도 청주에는 1904년 미 북장로교 선교사 밀러(F. S. Miller, 민노아)가 선교부를 설치하였으며 그 후 계긴(E. Kagin, 계군), 퍼비언스(Dr. W. C. Purvince, 부반서), 쿡(W. T. Cook, 국유치), 퍼디(J. G. Purdy, 부례선), 로(Dr. D. S. Lowe, 노두의), 솔타우(T. S. Soltau, 소열도), 헌트(B. F. Hunts, 한부선) 등 많은 선교사들이 청주를 중심으로 충북지방 선교사역에 임하였다.

1891년에는 미국 북장로교 선교사 마펫(S. A. Moffett, 마포삼열)이 내한하여 평안남도 평양에 선교부를 설치하였고, 리(G. Lee) 선교사와 함께 선교사역에 임하였다. 그 후 블레어(W. N. Blair, 방위량), 스왈른

(W. L. Swallen, 소안론), 번하이슬(C. F. Bernheisel, 편하설) 선교사가 함께 참여하였다. 마펫 선교사는 평생을 평양에 머물면서 선교사역에 임하였으며 1894년에 장대현교회를, 1903년에는 남문교회를, 1905년에는 창전교회와 산정현교회 등을 차례로 설립하였다.

황해도 재령이 마펫과 리 선교사의 선교구역으로 확장되면서 1893년에 신환포교회, 상거동교회, 강촌교회, 1895년에 재령읍교회가 각각 설립되었다. 평안북도 선천도 미 북장로교 휘트모어(N. C. Whittmore, 위대모) 선교사가 이 곳에 도착하여 평안북도를 중심지로 정하고 학교 및 병원사업에 힘을 기울였다. 1899년에 선천읍교회, 1901년에는 동림교회, 내동교회 등을 차례로 설립하였으며 이후 선천선교부는 이웃 용천, 철산, 구성, 정주, 의주, 박천 지역을 맡아 사역에 임하였다. 평안북도의 중심지역인 강계는 1908년 블레어, 밀스(R. G. Mills, 마서일), 로드 등이 선교부를 개설하고 이웃인 위원, 초산 등지를 맡아 많은 교회를 설립하였다.

미 감리교 선교부에서도 뒤질세라 서울 중구 정동에 아펜젤러가 선교부를 설치하였다. 그리고 미국 북장로교 선교부와 함께 인구 5천 명이 넘는 도시는 함께 선교부를 설치하고 공동으로 선교사역에 임하였다. 1891년에 아펜젤러는 인천선교부를 창설하였으며, 1892년에 홀(W. J. Hall) 의료선교사가 김창식과 함께 평양선교부를 신설하였다. 맥길 의료선교사가 원산선교부를 신설하였으나 후에 미 남감리교 선교부에 양도하였다.

그 동안 미 감리교의 선교의 공은 참으로 컸다. 스크랜톤 선교사는 내한하여 서울 상동병원을 설립함과 동시에 상동교회를 설립하였다. 1892년에는 동대문교회 등이 설립되었다. 1896년 8월에는 미국 남감리교 리이드(C. F. Reid, 이덕) 선교사가 내한하였으며 이때 리이드 선교사는 서울 일부와 경기도 개성, 충청남도 일부를 맡아 사역에 임하였다.

미국 북장로교 해외 선교부에서 언더우드 선교사를 비롯하여 많은 선교사를 파송하고, 서울을 비롯 각 지역에 선교부를 상설하고 선교에 임하였다.

평북 선천지방에서 활동하던 선교사와 그의 가족들(1919년)

평양지방에서 활동하던 선교사 일동(1933년)

대구지방 선교부에서 활동하던 미 북장로교 선교사와 가족 일동(1933년)

경북 안동지방에서 활동하던 미국 북장로교 선교사와 가족 일동(1934년)

미국 북장로교 선교부에서는 1904년 민노아 선교사가 청주 선교부를 신설하고 많은 선교사들이 선교에 임하였다. 이중 1923년 청주에 부임한 부례선 선교사는 충북 조동에서 선교를 하다 열병에 걸려 1926년에 소천하였다.

민노아 선교사　　민노아 선교사 부인　　소열도 선교사　　원요한 선교사

부례선 선교사 기념관(현 청주성서신학원)

조동에서 순교한 부례선 선교사 기념비

1. 한국과 기독교의 만남 ◆ 33

태평양 전쟁 전에 마지막으로 서울에서 모인 주한 선교사 일동(1938년)

2) 여러 교파 선교사들의 입국
(1) 성공회의 선교사 입국

성공회는 영국에서 출발했던 교파로서 비교적 일찍이 한국 선교에 관심을 갖고 준비 중에 있었다. 1885년 영국 성공회에서는 2명의 중국인 전도자를 부산에 파송하였으며, 당시 중국과 일본 성공회를 관장하고 있던 울프 주교는 1887년 한국을 방문하여 부산을 답사하고 돌아갔다. 부산의 현지 사정을 파악한 울프 주교는 곧 본국 성공회 본부에 연락하여 선교비 지원요청과 함께 선교사 파송 요청도 함께하였다. 이러한 서한을 접한 영국 성공회에서는 1889년 11월 영국 해군 군종 사제 출신인 고르프(C. J. Corfe) 신부를 초대 한국 선교사로 파송하고 내한하게 하였다. 영국 성공회의 지원을 받으면서 고르프 신부와 와일즈, 랜디스, 트롤로프, 스몰, 워너, 포우널, 데이비 등으로 구성된 선교팀이 1890년 9월 인천 제물포항에 도착함으로 한국에 성공회가 들어오게 되었다.

(2) 호주 장로교 선교사 입국

영국 성공회의 울프 주교가 한국 선교를 위해 인재가 요청된다는 소식을 영국에 전하자 같은 연방국가인 호주에도 그의 서신이 전해지면서 한국 선교의 필요성을 인식하게 되었다. 특별히 그의 서신 중에 영적으로 죽어 가는 한국인을 구원하기 위해서 일할 일꾼을 보내 달라는 내용의 서신이 호주 선교잡지에 발표되었다. 이 잡지를 본 호주 장로교의 데이비스(J. H. Davies) 목사는 그의 여동생 메리 데이비스와 함께 1889년 10월 서울에 도착하였다. 그리고 이들은 호주의 빅토리아장로교회의 재정적인 지원하에 부산에서 선교사역에 임하기 위해 서울을 떠나 부산으로 향하였다. 그러나 기나긴 선교여행으로 그만 데이비스 목사는 병이 들었고, 그의 선교에 대한 열정은 결국 죽음으로 끝나고 말았다. 오빠의 사망에 충격이 심했던 메리 데이비스는 부산 선교를 하나님께 맡기고 호주로 귀국해 버렸다. 이러한 사실을 알게 된 호주 장로교회에서는 한국에 대한 뜨거운 열정으로 다시 1891년 10월 맥케이(J. H. MacKay, 맥

목사) 부부, 맨지스(Miss B. Menzies, 민씨), 페리(Miss J. Perry) 등을 파송하여 부산과 경남 일대에서 선교사역에 임하였다. 1891년에는 부산 부산진에 선교부를 설치하여 부산진교회를 설립하였다. 그리고 1893년 초량교회, 1905년 동래교회, 1906년 양산읍교회, 1907년 장전교회, 금사교회, 기장 동부교회, 동래 송정교회 등을 각각 설립하였다. 부산 선교부는 동래, 울산, 언양, 양산, 김해, 밀양, 창녕 등을 맡아 선교에 임하였다.

1905년 커렐(H. Currell, 거열) 선교사 부부에 의해 진주 선교부가 설치되었다. 이들 부부는 1905년 진주교회, 1908년 송백교회, 삼천포 동금교회, 하동읍교회, 1909년 남해 상신교회를 각각 설립하였다. 다시 알렌(A. W. Allen, 안란), 라이올(D. M. Lyall), 아담슨(A. Adamson), 엥겔(G. O. Engel, 왕길지), 맥레(F. J. L. Macrae, 맹호은) 등 많은 선교사들이 하동, 남해, 의령, 산청, 사천, 삼천포 등에서 교회 설립에 힘을 기울였다.

1901년 마산 문창교회가 설립되었으며, 이를 바탕으로 1908년 아담슨 선교사에 의해 마산 선교부가 신설되었다. 마산에서 활동하던 선교사는 와트슨(R. D. Watson, 왕대선), 라이트(A. C. Wright, 예원배), 커닝햄(F. W. Cunningham, 권임함), 알렌(A. W. Allen, 안란), 로머스(E. K. Lomas, 노마시), 스킨너(A. G. M. Skinner, 신애미) 등이었다. 이들은 창원, 함안, 합천 등지에서 활동하면서 그 지역에 많은 교회를 세웠다. 1913년 와트슨 선교사에 의해 통영선교부가 신설되었고, 할당 지역은 거제, 고성, 진해, 합천 등이었다. 통영 선교부에서 활동했던 선교사는 무어, 알렉산더, 스킨너, 투루딩거 등이었다. 이들의 수고로 이 지역에 많은 교회가 설립되었다. 1912년 맥레 선교사에 의해 거창 선교부가 신설되었으며 함양, 고성, 진해, 합천 등을 맡아 선교에 임했던 선교사들은 켈리(J. T. Kelly, 길야곱), 클러크(F. H. Clerke, 가불란서), 에버리(E. M. Ebery, 이리사백), 위더스(M. Withers, 위대서) 등이었다. 이 외에도 많은 남녀 선교사들이 부산과 경상남도 지방을 오고 가면서 사역에 임하였다.

(3) 미국 남장로교 선교사 입국

미국 남장로교의 한국 선교는 언더우드에 의해 이루어졌다. 언더우드는 성공적으로 한국 선교에 임하다가 안식년을 맞이하여 본국에서 안식 겸 선교보고를 위해서 일시 귀국하였다. 미국에 도착한 언더우드는 1891년 9월, 미국 시카고 멕코믹신학교에서 신학생 선교대회 때 강연을 하였다. 이때 남장로교 소속 신학생 몇 사람이 선교에 뜻을 두고 선교사로 지원하였다. 다시 그 해 11월 테네시 주 네쉬빌에서 신학생 선교대회가 있었다. 이 때도 몇몇 신학생이 지원하고 나섰으나 재정적인 준비가 되지 않아 이들의 지원을 수용할 수 없었다. 그런데 뜻하지 않게 언더우드의 형이 일부 재정을 맡게 되었으며, 언더우드가 가는 곳마다 한국 선교를 역설하자 여기저기서 선교기금이 모아지게 되었다. 이때 미국 남장로교 선교부에서는 지원서를 제출했던 미국 남장로교 출신 전킨(W. M. Junkin, 전위렴) 부부, 레이놀즈(W. D. Reynolds, 이눌서) 부부, 테이트(L. B. Tate, 최의덕), 메티 테이트(Miss Mattie Tate, 최마태), 데이비스(Miss L. Davis) 등 7인이 선발되어 이들은 1892년 11월 3일 인천 제물포항에 도착하였다. 다시 이들은 1893년 2월에 호남지방을 선교구역으로 할당받고 레이놀즈, 테이트와 그의 여동생이 최초로 전주에 도착하여 선교에 임하였다. 1893년 봄 전주교회를 설립하였으며, 그 후 지역의 확장으로 멕쿠첸(L. O. McCutchen, 마로덕) 부부, 니스벳(J. S. Nisbet, 유서백) 부부, 클라크(W. M. Clark, 강운림) 부부, 하리슨(W. B. Harrison, 하위렴) 부부, 잉골드(Dr. M. B. Ingold), 랭킨(Miss N. Rankin), 에버슬(F. M. Eversole, 여부솔) 부부, 보이어(E. T. Boyer, 보이열) 부부, 린톤(W. A. Linton, 인돈) 부부 등이 합세하여 완주, 무주, 진안, 임실, 남원, 금산(현재는 충남), 김제 일부, 정읍을 맡아 사역하였다.

그리고 1894년에 전킨 부부, 뚜르(Dr. A. D. Drew, 유대모) 의료선교사, 다니엘(Dr. T. H. Daniel, 단의사), 케슬러(Miss E. Kestier, 계슬라)가 군산 선교부를 설치하고 군산 개복교회와 구암교회를 설립하였다. 그 후 전킨

1. 한국과 기독교의 만남 ◆ 37

부산에서 활동했던 니븐, 브라운, 맨지스, 페리 여선교사들(왼쪽부터)

경남 진주 선교부에서 활동하던 선교사들. 앞줄 왼쪽부터 대 목사 부인, 방문자, 덕순이, 대지안 의사, 양요안 선교사. 뒷줄 위 대서, 가불란서, 대 목사, 서오성, 대마가례, 전은혜, 안란해 목사

은 김제 서남부지방과 익산, 부안 지방을 맡아 사역에 임하였다. 불(W. F. Bull, 부위렴) 선교사가 합세하면서 여러 교회를 설립하였다. 특별히 충남은 서남부 지역으로서 장항, 서천, 부여, 보령 지역을 맡기도 하였다.

1897년에는 벨(E. Bell, 배유지) 부부, 오웬(Dr. C. C. Owen, 오원) 부부 선교사가 목포 선교부를 설치하고 목포교회를 설립하였다. 그 후 스트레이퍼(Miss F. Straeffer, 서부인), 멕컬리(H. D. McCalle, 맹현리), 컴잉(D. J. Cumming, 김아각) 부부, 하퍼(J. Hopper, 조하파) 부부, 멕머피(Miss A. McMurphy, 명애다), 하퍼(Miss M. Hopper, 조마그래) 등이 참가하여 무안, 신안, 영암, 해남, 진도, 강진, 장흥, 신안, 함평, 영광, 나주 지방까지 맡아 교회를 설립하였다.

광주 선교부는 1904년 전남 내륙지방의 선교에 역점을 두고 목포에서 활동하던 벨, 오웬 선교사가 신설하였다. 이미 목포 선교부 시절부터 장성, 영광, 나주, 전북 고창을 맡아 수고하고 있었다. 이 일로 광주 제일교회를 비롯하여 여러 교회를 설립하였다. 그 후 윌슨(Dr. R. M. Wilson, 우월손) 부부, 낙스(R. Knox, 노라복) 부부, 쉐핑(Miss E. J. Shepping, 서서평), 탈메지(J. V. N. Talmage, 타마자) 부부, 뉴랜드(L. T. Newland, 남대리) 부부, 멕퀸(Miss A. McQueen, 구애라), 루트(Miss F. Root, 유화례) 등이 참여하였다. 이들의 수고로 선교구역이 확장되었고 곡성, 담양, 화순, 보성 등 각 지역마다 많은 교회가 설립되었다.

순천 선교부는 1913년에 프레스톤(J. F. Preston, 변요한), 코일(R. T. Coit, 고라복), 프라트(C. H. Pratt, 안채륜), 리딩함(Miss R. S. Leadingham), 비거(Miss M. Bigger, 백미다), 듀퓨이(Miss L. Dupuy, 두애란), 그리어(Miss A. L. Greer, 기안라), 팀몬슨(Dr. H. L. Timmons, 김로라), 크레인(Miss J. Crane), 밀러(Miss L. Miller, 민유수), 크레인(J. C. Crane, 구례인) 부부 등이 개설하였다. 이들은 순천에 정착하면서 곡성 일부, 구례, 보성, 고흥, 여수, 광양 등을 맡았다. 이 외에도 많은 남녀 선교사들이 호남지방에서 사역하였다.

(4) 캐나다 장로교 선교사 입국

캐나다 장로교의 선교사 파송은 1898년에 시작되었지만 이미 1893년 12월 매켄지(W. J. McKenzie)라는 선교사가 독자적으로 한국 선교에 임하였다. 매켄지는 캐나다 동부해안 지역에 있는 메리타임즈 지역 장로교학교선교협회의 파송을 받고 한국에 왔다. 그는 한국 개신교회의 요람지라고 말할 수 있는 황해도 장연군 소래에 머물면서 선교에 임하였는데 그는 동학농민운동과 청일전쟁을 겪으며 헌신적으로 소래교회와 교인들을 돌보았고, 더 나아가 믿지 않는 주민들에게까지 친절을 베풀면서 활동하다가 1895년에 죽었다. 그러나 그의 죽음은 한국 선교에 새로운 장을 마련하는 계기가 되었다.

그의 헌신적인 삶에 감동이 된 소래교회 교인들은 매켄지 후임으로 선교사를 파송해 달라고 캐나다에 요청하였다. 그리고 이 서신을 접한 캐나다 장로교회에서는 한국 선교에 관심을 갖게 되었고 1897년 10월 캐나다 장로교회 메리타임대회가 개최되었을 때에 한국 선교에 관심을 갖고 선교사를 파송하기로 결의하였다. 이러한 결의로 캐나다장로회 해외 선교부에서는 그리어슨(Dr. R. Grierson, 구례손) 의사 부부, 맥레(D. M. MaRae, 구마례), 푸트(W. R. Foote, 부두일) 등 4명을 보내기로 결정하였고, 1898년 9월에 이들이 내한함으로써 한국 선교가 시작되었다. 이들 일행들은 매켄지가 활동했던 소래지방에서 사역하려고 하였지만 지역이 너무 좁아 미국 북장로교 선교사들이 활동하고 있던 함경남도 원산에 정착을 하고 원산 선교부를, 1905년에 함흥선교부, 1912년에는 함경북도 회령 선교부, 북간도에 용정 선교부를 각각 설립하고 함경남도, 함경북도, 두만강을 넘어 교포들이 모여 살고 있는 중국 동북부 간도지방까지 맡아 선교사역에 임하였다. 캐나다 장로교 선교사로 내한했던 이들의 이름은 매컬리(Miss E. A. McCully, 리애리시), 럽(Miss J. B. Robb), 럽(A. F. Robb, 업아력) 부부, 맥도널드(D. A. Macdonald, 매도나) 부부, 프라저(E. J. O. Fraser, 배래사) 부부, 카스(Miss G. L. Cass, 기애

이눌서　　　이눌서 부인　　　전위렴　　　전위렴 부인

최마태　　　최의덕　　　데이비스

1892년 미국 남장로교 선교부에서는 7인의 선교사를 파송하였으며, 이들은 호남지방과 충남 서남지방에서 선교사역에 임하였다.

호남지방에서 사역했던 선교사들의 묘가 광주 양림동 선교사 동산에 안장되었다.

시), 로스(A. R. Ross, 노아력) 부부, 맥애천(Miss E. McEachern, 맥애젼), 맥릴런(Miss E. A. McLellan, 마일란), 스코트(W. Scott) 부부, 토마스(Miss M. Thomas), 매컬리(Miss L. H. McCully, 이부인), 마틴(S. H. Martin, 민산해) 의료선교사 등이다.

이렇게 열심히 선교사역에 임했던 캐나다 장로교 선교부는 1925년 본국 교회가 장로교, 감리교회, 회중교회 등이 유나이티드 교회로 변화하자 캐나다 장로교 선교부도 캐나다 연합교회 선교부로 명칭이 바뀌었다. 한편, 한국에 나와 있는 캐나다 장로교 선교부를 고수하던 선교사들은 본교회의 영향에 따라 일부 교회가 캐나다 장로교로 남아 있어 일단 한국은 연합교회가 맡게 하였다. 캐나다 장로교 선교사로 남기를 바란 대표적인 선교사 영(L. L. Young, 영재형), 럽, 맥도널드(D. W. McDonald), 배시(F. G. Vesey) 등은 한국을 떠나 일본에 있는 재일한국인교회를 위한 선교사로 자리를 옮겨 갔다.

(5) 침례교회 한국 선교

미국 침례교회의 한국 선교는 펜윅(M. C. Fenwiek)에 의해 시작되었다. 그는 캐나다 출신으로서 신학교육을 받지 않은 평신도였다. 그런데 때마침 해외선교에 대한 집회에 참석하여 크게 감동을 받은 후 한국 선교할 것을 하나님과 굳게 약속하고 1889년 12월 한국에 왔다. 서울에 도착한 펜윅은 어학 훈련에 임하였지만 별 효과를 얻지 못하고 있던 중 그는 결단을 내리고 곧 황해도 장연군 소래교회에 가서 어학을 연마하였다.

신학을 연구한 일이 없었던 펜윅은 선교를 하면 할수록 어려운 일이 많이 생겨나자 스스로 결단을 내려 1893년 미국으로 건너가 보스톤에 있는 침례교회의 고든 목사 밑에서 3년 간 신학 수업을 받았다. 고든 목사의 협조로 침례교회에서 가끔 설교를 할 수 있는 기회를 얻었는데 이때 그는 한국에서 선교 활동했던 이야기를 하면서 한국 선교에 대한 필요성을 강조하였다. 이때 이 교회의 집사이면서 사업가였던 딩은 펜윅

캐나다 선교부에서 운영했던 성진제동병원 직원 일동

캐나다 선교사들은 간도지방에까지 가서 선교 활동을 하였다.

마르다여자신학원은 캐나다 선교부에서 1910년 함흥에 문을 열었으며, 1916년 원산으로 옮겼다.

의 설교에 감동되어 자신의 딸 엘라 양의 죽음을 기념하기 위해 '엘라딩 기념선교회'를 조직하였고 이 선교회에서 폴링(E. C. Pauling) 부부, 가드라인(Miss A. Gardeline) 등 3명을 한국으로 파송하였다. 1895년에 부산에 도착한 이들은 아직 선교사가 없는 충남 공주지방을 선택하고 선교를 시작하였다.

이들은 6년 간의 선교사업을 통해서 놀라울 만큼 큰 성과를 거두었지만 선교 후원단체의 재정적인 압박으로 더 이상 활동하지 못하고 귀국하였으며, 그들의 모든 선교사역은 원산에서 활동하고 있는 펜윅이 맡게 되었다. 펜윅은 원산에서 활동하면서 대한기독교회란 독자적인 교회조직을 갖고 있었으며 다시 동아기독교회로 명칭을 변경하고 일제 말까지 이 명칭을 사용하였다. 그러나 해방이 되면서 다시 침례교회란 이름으로 환원하면서 오늘에까지 이르게 되었다.

(6) 기 타

이 외에도 많은 교파의 선교사들이 한국을 사랑하는 마음을 갖고 내한하여 선교사역에 임하였다. 러시아정교회는 1898년에 러시아 정부와 러시아정교회의 한국 선교정책에 의해 알렉세예프(N. Alexeyef)를 한국에 보냄으로 상륙하게 되었다. 원래 선교사로 파송받은 이는 군코, 보제, 크라신 등이었으나 이들은 정치적 이유로 입국이 거절되었다. 처음에는 영사의 가정집에서 예배를 드렸으나 1903년 4월 한국 정부의 협력을 얻어 정동(현 경향신문사 자리)에 러시아정교회를 건축하였다.

그러나 1905년 러·일전쟁으로 러시아가 패하자 일제는 한반도에서의 러시아 세력을 제거하면서 한국에서의 러시아정교회의 활동을 제한하였다. 이러한 관계로 러시아정교회는 사제 없는 교회가 되었으며 겨우 이름만 갖고 있는 형편이 되었다.

1950년 6·25 한국전쟁 당시 희랍군대가 유엔군의 일원으로 한국전에 참여하면서 러시아정교회는 희랍군인과 함께 예배를 드리며 다시 활기를 띠기 시작하였다. 그 후 한국인의 사제가 배출되면서 한국정교

초창기 장로교선교협의회에 참가한 각 선교부 대표자들
(미국 북장로교, 남장로교, 캐나다 장로교, 호주 장로교, 1901년)

침례교는 캐나다 출신 펜윅 선교사에 의해 1889년에 상륙하였으며, 처음에는 동아기독교회라고 불렀다가 해방 후에는 침례교회라고 불렀다.

회로 간판을 내걸고 선교사역에 임하였으며, 현재는 서울 마포구 아현동에 서울정교회로 개칭하고 전국적으로 교세 확장에 힘을 기울이고 있다.

매년 성탄절만 되면 자선냄비를 들고 등장하는 구세군은 1908년 10월 영국인 호가드(R. Hoggard)가 한국에 도착함으로 구세군 선교가 시작되었다. 구세군은 영국에서 부드(W. Booth)에 의해 창설되었다. 그가 동양을 방문 중 일본에서 어느 한국인의 요청을 받아들여 한국에 선교사를 파송하였다. 구세군에서는 주로 고아원 사업과 양로원 사업을 많이 하였으며 교회도 설립하였다. 구세군에서는 교회를 구세군 영문이라고 하며 조직은 군대조직으로서 구한말 군인의 계급장을 사용하고 있다.

성결교회는 1907년 일본에서 동경성서학원을 졸업한 김상준, 정빈 두 전도자가 귀국하여 서울 종로구 염곡동에서 '동양선교회 복음전도단'이란 간판을 내걸고 전도하기 시작하였다. 처음에는 교파나 교회를 조직하지 않고 오직 복음 전도에만 종사하였으나 1921년부터는 처음 전도관이란 명칭을 '성결교회'라는 명칭으로 바꿔 사용하면서 오늘에까지 이르게 되었다. 성결교회는 1901년 미국인 전기 기술자 카우만(C. E. Cawman), 킬보른(E. A. Kilbourne)에 의해 일본 동경에서 창설되었다. 이들은 동양선교회를 창설하고 이어서 동경성서학원을 설립하고 전도자를 양성하고 있었다. 이때 일본에 유학했던 김상준과 정빈은 노방전도대에 의해 은혜를 받고 곧 동경성서학원에 입학하여 전도자 훈련을 받았다.

영국에서 출발한 플리머스형제단의 한국 선교는 1896년 12월 일본인 전도자 노리마쯔(乘松雅休)에 의해 시작되었다. 노리마쯔는 수원에 선교지를 마련하고 한국인들의 협력을 얻어 경기도 지방에서 활동하였다. 1898년에는 일본에서 활동하던 브렌드가 내한하여 서울 서대문에 선교부를 설치하고 노리마쯔와 함께 플리머스형제단을 이끌고 갔다. 이들은 교회조직을 부인한 독특한 조직체로서 '기독동신회'라는 명칭을 갖고 서울과 수원지방에서 교회활동을 하였다.

　일본교회의 한국 선교도 빼놓을 수 없는 부분이다. 일본교회는 한일합방을 전후해서 일본의 국익을 선전할 목적으로 한국인을 대상으로 '조선전도론'을 제창하였다. 이 조선전도론을 가장 적극적으로 부르짖었던 일본조합교회는 1909년 4월 와다세(渡瀨常吉) 목사를 한국에 파송함으로 한국 선교가 이루어졌다. 와다세는 조선 총독부의 절대적인 비호와 재정적인 지원을 얻으면서 일본의 조선식민지 정책을 정당하게 선전하였다. 그러나 1919년 3·1운동으로 조선 전도를 마감하고 여기에 속한 조합교회를 모두 조선회중교회로 명칭을 바꾸어 얼마 동안 지내오다가 해방과 함께 회중교회의 간판을 내리고 거의가 한국장로교회로 편입되었다.

　우리는 지금까지 미국, 캐나다, 호주, 영국, 일본으로부터 파송된 선교사들의 내용을 살펴보았다. 그런데 여기서 한 가지 기억할 일은 한국에 들어온 개신교가 각기 자국의 교파를 그대로 한국에 파송함으로 그 교파들의 선교사를 그대로 받아들인 한국에서는 이해하지 못할 일들이 발생하게 된 점이다. 이중 교리적인 문제로 유입되었던 선교사는 물론 같은 국가 내에서 역사적인 사건으로 분열된 교파도 그대로 한국에 유입되었다. 그중 대표적인 예가 미국의 남북전쟁으로 인해 남북으로 나누어진 장로교와 감리교이다.

　미국의 국가는 방대한 국가이기 때문에 교파가 다양하더라도 어느 정도 이해할 수 있지만 한국의 경우는 좁은 땅덩어리에 많은 교파를 수용할 수 있는 그러한 문화가 형성되지 않았다. 기독교는 분명히 한 하나님, 한 주님, 한 성령, 한 세례를 내세우는 하나의 교파임에 틀림없다. 그러나 한국 사회에서는 교파에 대해 이해할 수 없는 부정적인 면이 너무나 많았다. 이러한 점을 최소화하기 위해서 1893년 1월 미국 남북 장로교 선교부가 연합공의회를 발족시켰다. 이후 호주 장로교 선교부, 캐나다 장로교 선교부가 각각 가입하였다. 이와 더불어 선교지도 분할하였는데 이를 가르쳐 예양협정(禮讓協定)이라 말하고 있다. 이러한 분할정책에 따라 같은 장로교 선교부의 선교구역과 중복을 피하면서 선교지를 결정하였다. 이 일로 북장로교 선교부는 평안남북도, 황해도, 경기도, 충청북도, 경상북도, 서울을 담당하게 되었고 미국 남장로교 선교부는 충남 일부와 전라남북도, 제주도를 담당하였다. 캐나다 장로교 선교부는 함경남북도, 간도지방을, 호주 장로교 선교부는 부산과 경상남도로 확정되었다.

따라서 1892년 6월에 장·감 선교부는 선교지 분할에 서로 협의하였다. 인구 5천 명 이상 살고 있는 개항장과 도시는 장·감 선교부가 함께 참여하기로 하였다. 이러한 관계로 한국에서는 두 교파가 서로 협력하면서 선교에 임하였다. 그 후 미국 남감리교 선교부가 한국 선교에 참여하게 되자 이 선교부는 남부를 주로 선교지로 정하여 충청남도 북부지방과 충청북도 남부지방, 그리고 서울 일부 지역도 담당하였다.

이러한 정신에 의해 한국 선교에 임했던 선교사들은 본국 교회의 협의하에 한국 선교를 전담하면서 병원선교와 미션 스쿨을 운영하면서 선교에 박차를 가하였다.

3) 초기 메디칼 선교와 미션 스쿨
(1) 초기 메디칼 선교

1884년 12월 갑신정변으로 당시 실력자였던 민영익은 큰 부상을 입었다. 최초로 의료선교사로 입국했던 알렌은 미국 공사관의 소속 의사로서 민영익을 정성껏 치료하였다. 그의 의술로 민영익은 완치되었으며, 이 일로 고종 황제와 민비로부터 신임을 얻게 되었고, 이 일에 대한 감사의 표시로 1885년 4월 고종 황제로부터 광혜원이라는 병원을 하사받았다. 이 병원은 한국에서는 최초로 서양의술을 소개하는 병원이 되었으며, 의료기관으로만 사용된 것이 아니라 선교기관으로서도 활동할 수 있는 좋

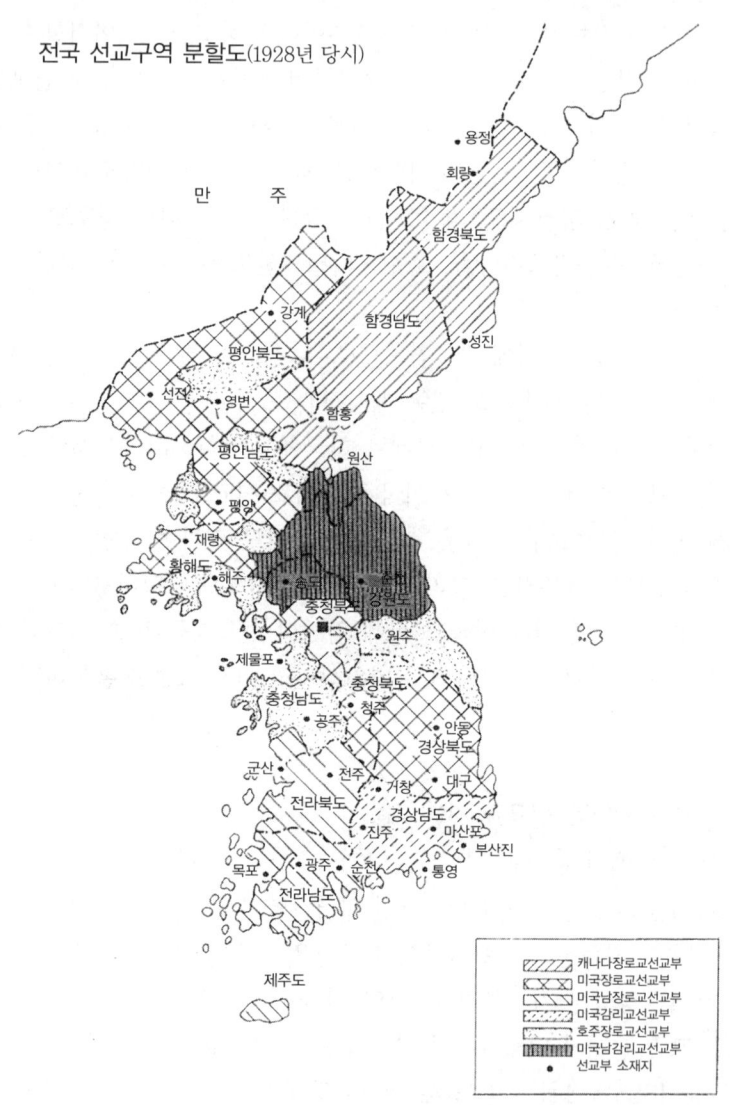

1892년 예양협정에 의해 그려진 각 교파 선교지 분할도
인구 5천 명이 넘는 도시는 2개 교파 선교사가 할애받기도 하였다.

은 장소가 되었다. 초창기 언더우드도 이 병원에서 한국어를 습득함과 동시에 교사의 자격으로 머물면서 과학을 가르쳤다. 1885년 5월 감리교의 스크랜톤과 6월에는 장로교의 헤론(J. W. Herron) 의사 등도 이 병원에서 사역하였고, 그 후 엘러스(A. Ellers)도 이 곳에서 메디칼 선교에 임하였다.

이 병원은 1887년 남대문 안 구리개로 이동했으며, 이때 알렌이 이 병원을 사임하여 후임으로 헤론 선교사가 맡아 사역하였다. 그 후 1894년 에비슨(O. R. Avison)에 의해 운영되었으며, 다시 미국의 실업가인 세브란스의 건축기금으로 남대문 밖에 새 건물을 완성하고 그 후에 지금까지 세브란스병원이라고 부르게 되었다. 다시 이 병원은 연세대학교와 합병하면서 시내 서대문구 신촌으로 옮겨 갔으며, 현재는 연세대학교 세브란스병원이라 부르고 있다.

선교 초기에 입국했던 감리교 선교사 스크랜톤은 정동에 민간 진료소로 문을 열었으며, 건물이 완성되자 1886년 6월에 시병원이라고 이름을 불렀다. 이 병원은 순수하게 선교비로 운영되었던 병원으로서 당시 많은 환자들이 의료 혜택을 입고 새로운 생명을 얻을 수 있는 기쁨도 만끽할 수 있었다. 다시 이 병원은 1888년에 남대문 근처 빈민지역인 상동으로 옮기고 상동진료소, 상동교회를 설립하였다. 1887년 10월 미국 감리교 선교사로 내한했던 하워드(M. Howard)는 여성 전용 병원을 설립하고 명칭을 '보구여관'(保救女舘)이라고 불렀다. 이 외에도 서울 동대문, 애오개, 모화관 등지에 병원을 설립하여 많은 병자를 살리면서 선교에 크게 기여하였다. 이 외에도 각 선교부마다 메디칼 선교를 위해서 많은 병원을 설립하였는데 그 지역을 살펴보면 다음과 같다.

각 지역에 설립되었던 메디칼 선교기관

연도	지역	명 칭	선교부	비 고
1885	서울	광혜원	미국 북장로교	현 세브란스병원
1886	서울	시병원	미국 감리교	
1887	서울	보구여관	미국 감리교	현 이대부속병원
1893	평양	기홀병원	미국 장감선교부	
	부산	일신병원	호주 장로교	현 부산일신병원
1894	군산	구암병원	미국 남장로교	
1897	목포	제중병원	미국 남장로교	
1898	전주	예수병원	미국 남장로교	현 전주예수병원
	원산	구세병원	캐나다 장로교	
1899	대구	동산병원	미국 북장로교	현 대구동산병원
1901	선천	미동병원	미국 북장로교	
1904	함흥	제혜병원	캐나다 장로교	
	광주	기독병원	미국 남장로교	현 광주기독병원
1906	진주	배돈병원	호주 장로교	
1907	개성	남성병원	미국 남감리교	
1908	순천	애양원	미국 남장로교	현 순천애양원
1912	청주	소민병원	미국 북장로교	
	간도	용정제창병원	캐나다 장로교	
1913	순천	알렉산더병원	미국 남장로교	

 이중 이북에 설립되었던 병원의 형편에 대해서는 알 수가 없다. 또한 남한에 있던 대부분의 미션병원도 일제 말엽 선교사의 강제 추방으로 폐쇄되었으며, 해방 후 선교사들이 재입국하였지만 운영상 어려움으로 일부만 문을 열고 오늘에 이르게 되었다.
 어려움 속에서도 문을 열었던 병원은 한국민에게 큰 힘이 되었다. 선

교사들이 들어오기 전에는 알지 못하는 병에 걸리면 치료할 수 있는 방법이 없어서 그대로 죽어 가는 일들이 수없이 많았다. 그러나 의료선교사들의 헌신적인 활동으로 병으로부터 해방되고 건강하게 살 수 있었던 사람들이 많았다. 또한 많은 사람들이 자신들의 병을 고쳐 준 일에 대해서 너무 감사해서 예수를 구주로 영접하고 교회에 출석하였다. 이처럼 한국교회 성장에 미션병원은 큰 몫을 담당하였다.

(2) 미션 스쿨

이미 앞에서도 언급하였지만 선교사들의 입국으로 서울에 배재학당이 설립되었으며 이어서 경신학당, 이화여학당, 정동여학당 등 수많은 미션 스쿨이 설립되었다. 미국 선교사를 비롯하여 다른 나라 선교사들이 미션 스쿨을 설립한 목적은 미션 스쿨을 통해서 기독교의 문화를 확장시키려는 데 목적이 있었다. 그래서 선교부가 상주하게 되면 선교사가 미션 스쿨을 설립하고 한국인 자녀를 모아 놓고 교육하였고, 이 때문에 개교회마다 성장하였다. 어렸을 때부터 성경을 가르치면 그들이 성경을 통해서 기독교적인 인격이 형성되어 자연히 기독교 인구가 확장될 것으로 믿고 미션 스쿨을 운영한 것이다.

선교사를 통해서 크고 작은 마을에 교회가 설립되면 한국교회 교인들은 그 교회 부설기관으로 사립학교를 설립 운영하였다. 학교마다 성경을 가르치는 일은 필수적이었으며, 매일 실시하는 채플도 이들에게는 필수였다. 기독교 문화가 점차로 한국인 사이에서 인정받게 되자 자녀들을 서서히 미션 스쿨에 보내는 일이 많아지기 시작하였다. 또한 미션 스쿨에서 교육받는 과정에서 스스로 올바른 민족관이 확립되었으며, 성경을 배우는 과정에서 이스라엘 백성이 하나님의 인도하심을 받아 해방되어 가는 과정을 역력히 눈으로 볼 수 있었다. 이러한 일들은 1919년 3월 1일 독립운동을 통해서 확인할 수 있는 좋은 기회가 되기도 하였다.

이러한 먼 장래를 알았던 각 선교부에서는 선교부가 설치되어 있는 지역마다 남녀 미션 스쿨을 설립 운영하였으며, 학교의 건물 신축은 모두 선교사를 파송했던 그 선교부에서 담당하였다. 신축된 학교 건물은 모두 서양식 건물로서 당시 그 지방의 최대로 큰 건물이기도 하였다. 근대교육의 효시가 되었던 각 지방 미션 스쿨의 현황을 살펴보면 다음과 같다.

미션 스쿨 현황(1885-1913)

지방	설립연도	학교명	선교부	비 고
서울	1885	배재학당	미국 감리교	현 배재중·고등학교
	1886	예수학당	미국 북장로교	현 경신중·고등학교
		이화여학당	미국 감리교	현 이화여자중·고등학교
	1887	정동여학당	미국 북장로교	현 정신여자중·고등학교
	1896	공옥학교	미국 감리교	
	1897	군신학교	미국 감리교	
	1898	배화여학당	미국 남감리교	현 배화여자중·고등학교
평양	1894	광성학교	미국 감리교	현 서울광성중·고등학교
	1897	숭실학교	미국 북장로교	현 서울숭실중·고등학교
	1899	정의여학교	미국 감리교	
	1903	숭의여학교	미국 북장로교	현 서울숭의여자중·고등학교
재령	1898	명신학교	미국 북장로교	
선천	1906	신성학교	미국 북장로교	현 안양, 신성중·고등학교
	1907	보성여학교	미국 북장로교	현 서울보성여자중·고등학교
강계	1908	영실학교	미국 북장로교	
인천	1892	영화여학교	미국 감리교	현 영화여자중·고등학교
이천	1904	양정여학교	미국 감리교	현 양정여자중·고등학교
공주	1905	영명여학교	미국 감리교	현 공주영명여자중·고등학교
		영명학교	미국 감리교	현 공주영명중·고등학교
수원	1903	삼일학교	미국 감리교	현 삼일중·고등학교
	1907	매향여학교	미국 감리교	현 매향중·고등학교

지역	연도	학교명	설립	현재
전주	1900	신흥학교	미국 남장로교	현 신흥중·고등학교
		기전여학교	미국 남장로교	현 기전여자중·고등학교
군산	1902	영명학교	미국 남장로교	현 군산제일고등학교
		멜본딘여학교	미국 남장로교	
목포	1902	정명여학교	미국 남장로교	현 정명여자중·고등학교
	1903	영흥학교	미국 남장로교	현 영흥중·고등학교
광주	1908	숭일학교	미국 남장로교	현 숭일중·고등학교
		수피아여학교	미국 남장로교	현 수피아여자중·고등학교
개성	1904	호수돈여학교	미국 남감리회	현 호수돈여자중·고등학교
	1906	한영서원	미국 남감리교	현 인천송도고등학교
		미리흠여학교	미국 남감리교	
부산	1892	일신여학교	호주 장로교	현 일신여자중·고등학교
마산	1906	창신학교	호주 장로교	현 창신중·고등학교
	1913	의신여학교	호주 장로교	
진주	1906	시원여학교	호주 장로교	
대구	1903	신명여학교	미국 북장로교	현 신명여자중·고등학교
	1906	계성학교	미국 북장로교	현 계성중·고등학교
함흥	1903	영생여학교	캐나다 장로교	
	1907	영생학교	캐나다 장로교	현 수원 영생고등학교
원산	1903	루씨여학교	캐나다 장로교	
		보광학교	캐나다 장로교	
성진	1905	보신학교	캐나다 장로교	
		보신여학교	캐나다 장로교	
순천	1913	매산남여학교	미국 남장로교	현 매산중·고등학교
				매산여자고등학교
용정	1920	은진중학교	캐나다 장로교	현 용정제일중학교
	1922	명신여학교	캐나다 장로교	

이 외에도 고등교육기관으로서 평양에 숭실전문학교(현 숭실대학교), 서울에 세브란스의학전문학교(현 연세대 의과대학), 이화여자전문학교(현 이화여자대학교), 연희전문학교(현 연세대학교)를 각각 설립하였다. 숭실전문학교는 미국 북장로교 선교부와 미국 감리교 선교부에서 연합으로 1906년 베어드(W. M. Baird, 배위량) 선교사에 의해서 설립되었다. 이미 서울에서 출발했던 연희전문학교는 경신학당에서 선교부의 교육정책에 따라 1916년 대학부를 신설하고 서울 서대문구 연희동 땅을 매입함으로 오늘의 캠퍼스를 마련하였고 명문대학 연세대학교로 발전시켰다. 이화학당도 마찬가지였다. 1916년에 대학부를 신설하고 이 대학부가 발전하여 이화여자전문학교가 되면서 오늘의 명문대학 이화여자대학교로 발전시켰다.

한편, 1885년 4월 알렌에 의해 출발했던 광혜원 의료기관에서는 한국인 의료인을 양성하기 위해서 미국 북장로교 선교부에서 많은 투자를 하여 세브란스의학전문학교를 설립하였다. 이는 한국에서 최초로 의술인을 양성하는 교육기관이 되었으며, 이 기관을 통해서 졸업생 의료인들이 전국 방방곡곡에 병원이 설립됨으로 많은 사람들이 질병으로부터 해방되게 하는 동시에 영혼의 구원까지 받을 수 있는 선교의 역할도 하였다.

전국 방방곡곡에 미션 스쿨이 설립되면서 기독교 문화와 함께 한국 근대화의 견인차의 역할을 담당하였다. 여기에서 성경을 통해서 얻어진 민족의식은 조선 총독부에서 설립했던 학교보다 훨씬 애국 애족하는 일이 강하게 나타났다. 그래서 1919년 3·1독립운동에 적극적으로 참여함으로 막대한 인명의 손실을 가져왔다. 그러나 1938년 장로교 총회에서 신사참배를 결의하자 선교사들은 모든 학교를 폐쇄해 버렸으며, 선교사들은 강제로 출국당하였다.

1945년 해방과 함께 굳게 닫혀 있던 미션 스쿨은 동문과 목사들에 의해 다시 문을 열었다. 그러나 불행하게도 이북에 있었던 학교들은 끝내 재건되지 못했지만 월남한 동창들과 교계 지도자들이 함께 재건하는 기쁨을 나누었다.

4) 주일학교운동

처음 한국에 상륙했던 선교사들은 두 가지 종류의 학교를 운영하였다. 그중 하나는 매일학교였다. 이 학교는 모두 미션 스쿨이라고 불렸으며 다른 하나는 주일에만 실시하는 주일학교였다. 이 주일학교는 현재 교회학교라고 부르고 있다. 이 주일학교는 1888년 1월에 스크랜톤 부인이 이화학당에서 주일에 학생 12명을 모아 놓고 시작하였으며, 다시 아펜젤러는 그 해 3월 14명의 어린이를 모아 놓고 자신의 집에서 영어로 30분 간 교육하였다. 이때 사용했던 교재는 성경과 교리문답, 십계명, 주기도문 등이었다. 한편, 장로교에서도 주일학교를 실시하였는데 언더우드가 설립했던 경신학당에서 처음에 실시하다가 정동교회가 설립된 지 얼마 안 되어 경신학당에서 정동장로교회로 자리를 옮겨 실시하였다.

그 후 선교사가 각 지방에서 교회를 설립하자 자연히 교회마다 주일학교가 장년부, 유년부로 나뉘어서 주일에 실시하게 되었다. 대개 주일 아침 예배가 시작하기 전에는 장년부 주일학교가 시작되었으며, 이 장년부가 끝나면 곧바로 주일 낮예배가 실시되었다. 그리고 유년주일학교는 오후에 실시되었다.

장·감 선교부에서는 교회마다 모여든 주일학교 학생을 관리하고 보다 나은 교육의 효과를 위해 특별한 기구가 요청되었다. 1905년 장·감 선교연합공의회 내에 주일학교위원회를 설치하고 선교사를 중심으로 조직적인 주일학교 운동을 전개하였으며, 이와 때를 같이 하여 세계주일학교연합회에 가입하고 이 연합회의 교과과정에 의한 주일학교 교육을 실시하였다.

이러한 조직이 발전하자 한국인 지도자들이 선교사들과 함께 1922년에 조선주일학교연합회를 결성하고 새로운 일대의 전기를 맞이하였다.

1903년 미국 북장로교 선교부에서 설립한 대구 신명여학교

미국 남장로교 선교부에서 1908년 설립한 광주숭일학교 첫 건물(1910년 준공)과 전교생 일동(1920년)

바로 이 시기에 여름 아동성경학교와 확장주일학교가 처음 실시되면서 활기를 띠기 시작하였다. 그 동안 조선야소교서회(현 대한기독교서회)에서 교재(공과) 출판을 맡아 왔으나 주일학교연합회에서 이를 맡아 출판하면서 주일학교 운동이 더욱 활기를 띠기 시작하였다.

그러나 1938년 일제의 탄압은 극에 달하여 조선주일학교연합회를 강제로 해산시켰으며, 이 결과로 공과책 출판도 금지되면서 침체에 빠지게 되었다. 그러나 이러한 환경 속에서도 민족의 글을 지켜야 한다면서 한글보급운동은 꾸준히 진행되었다. 한편, 일반 공립학교에서는 일본어를 국어라 하여 일본어만 가르쳤지만 주일학교에서는 그렇지 않았다. 이러한 관계로 해방을 맞이한 주일학교 출신들은 일반 학교에서 모두들 우수한 성적을 나타내기도 하였다.

4. 초기 연합운동과 문서운동

한국에 소개된 기독교는 다양한 문화와 역사적 배경 때문에 신학과 교리가 같으면서도 교파가 달라 한국인에게는 이해되지 않는 부분이 너무나 많았다. 따라서 한국에 파송되었던 선교사들도 본국의 교파주의에서 벗어나지 못하고 본국의 지시를 받아야 하는 딱한 처지에 놓이게 되었다. 그러나 선교의 대상이 한국이라는 사실을 인식한 이들은 서로 협력하고 연합하여 한국에 기독교 문화를 정착시키는 일에 목적을 두었기에 이들은 1889년에 미국 북장로교 선교부와 호주 장로교 선교부가 협의하여 '연합선교공의회'를 조직하였다. 그러나 1890년 호주 장로교 선교사였던 데이비스의 사망으로 해체되고 말았다. 그러다 미국 남장로교 선교사가 내한하자 1893년 1월에 재조직되었다.

다시 캐나다 장로교 선교사와 호주 장로교 선교사가 내한하자 연합선교공의회는 활기를 띠면서 선교에 관한 일에 대해서 심도 있게 협의하게 되었다. 여기에 한국교회가 차차 성장하자 한국인 지도자가 나타나

초창기 어느 시골 주일학교 학생과 교사

서울 장충단 공원에 모인 서울 시내 주일학교 학생대회(1917년 7월)

서울 연동교회 여름 어린이 성경학교(1939년 8월 18일)

기 시작하였으며, 1901년에는 한국인까지 참여시켜 교회 정치까지 다루는 기관으로 발전하게 되었다.

당시 한국에는 미국 남북 감리교 선교부가 활동하고 있었지만 장로교 선교사들처럼 협의체를 갖지 않고 독자적으로 선교사역에 임하였고 교육과 문서운동에 있어서는 사안에 따라 협력하는 정도였다. 그러나 좁은 한국 땅에 많은 일을 하려고 하면 서로 협력하는 협의체가 필요하다는 여론에 따라 1905년에 장로교 4개 선교부와 감리교 2개 선교부가 협의하여 '한국복음주의선교연합공의회'를 조직하게 되었다. 이 조직으로 한국인이나 한국교회 교인들에게 '하나된 개신교회'를 보여 주는 좋은 이미지를 남겼다.

이 연합공의회는 몇 차례 협의를 갖고 가능한 교파를 배제하고 순수하게 예수만을 전해야 한다면서 '대한예수교회'를 사용하자는 제안까지 나오기도 하였다. 이때 한국교회 교인들은 대환영을 하였지만 일부 선교사들의 반대로 이 일은 성사되지 못하였다. 1910년 이 협의회에서는 하나의 교회가 된다는 사실이 불가능하게 되자 한국교회 교인들은 못내 아쉬움을 가졌다. 그러나 이 단체에서는 초교파적으로 할 수 있는 일은 서로 협력해서 한다는 데 원칙을 세우고 다양한 연합운동을 전개하기로 하였다. 비록 교파는 서로 달랐지만 연합하여 사역하는 일은 계속 추진되었는데 이 운동이 한국 에큐메니칼운동의 효시가 되었다.

이 협의체를 통하여 성경 번역 출판을 위해 성서번역위원회가 조직되었다. 이 위원회의 노력으로 1900년에 신약성경이 완역 출판되었으며, 1911년에는 구약성경이 완역 출간되었다. 이로써 한국에서도 신·구약 성경을 소유할 수 있는 기쁨도 갖게 되었다. 또한 협의회의 결실로 '조선예수교서회'를 조직하였으며 이 두 조직을 통해서 문서운동이 활발하게 진행되었다. 문서운동 중 1905년 장로교에서는 *The Korea Field*와 감리교에서는 *The Korea Methodist* 등 영문잡지를 정기적으로 발간하였지만 이를 통합하여 1905년 11월에 *The Korea Mission Field*를 발간하였다. 또 한글로 발간되던 장로교의「그리스도 신문」과 감리교의「그리스도인 회보」도 통합되어 1905년 7월에「그리스도 신문」으로 발간되었으며, 1907년「예수교신보」로 제호를 바꾸어 운영하였다. 1910년 다시 장·감이 따로 신문을 제작해 오다가 1915년에 다시 두 교단 지도자가 모여「기독신보」를 발행하였다. 한 하나님을 찬양하기 위해서 만들어진 예배용 찬송가도 장로교에서는「찬양가」, 감리교에서는「찬미가」를 각각 발행하였다. 그러나 1908년에 장·감 합동으로「찬송가」를 발간하였다.

이 외에도 1906년 평양에 있는 숭실전문학교는 장·감 연합으로 운영하였으며, 1916년 서울의 연희전문학교는 북장로교, 캐나다 장로교, 미국 남북감리교가 연합으로 운영하였다. 세브란스의학전문학교와 부속병원도 1913년 연합으로 운영하였으며, 1920년 평양에 있는 북장로교의 병원 제중원과 감리교의 기홀병원이 연합하여 평양연합기독병원이 되었다. 역시 주일학교운동도 연합으로 하였으며 YMCA, YWCA 운동도 연합으로 하였다. 선교지 분할도 함께 의논하여 결정하는 등 많은 사업들이 에큐메니칼운동의 바탕 위에 실현되었다.

1907년에 성서번역위원회를 조직하였으며 오른쪽으로부터 존스(미 감리교), 언더우드(미 북장로교), 기일(캐나다 장로교), 레이놀즈(미 남장로교) 선교사와 한국인 조사 일동

2장

한일합병과 한국교회의 성장

1. 한일합병과 한국교회 • 65
2. 부흥운동과 한국교회의 성장 • 71

2장
한일합병과 한국교회의 성장

1. 한일합병과 한국교회

1) 한일합병과 강대국

서구의 제국(帝國)주의 국가들은 기독교 국가로서 아시아의 식민지 확장에 안간힘을 기울이고 있었다. 이러한 결과로 인도와 미얀마, 말레이시아, 싱가폴은 일찍이 영국의 식민지가 되었으며 인도네시아는 프랑스의 식민지, 필리핀은 스페인, 그 후 중국을 식민지화하려고 갖은 애를 썼던 영국은 결국 아편전쟁을 일으켜 승리하자 홍콩을 식민지화하여 자신의 영토에 포함시켰다. 한편, 중국은 서구의 여러 나라와 불평등 조약을 맺으면서 자신의 영토 일부를 내어 주는 일들이 빈번하였다.

여기에 한국은 매년 한 차례씩 청나라에 사신을 보내어 조공을 바치는 등 마치 청나라의 속국과 같이 행동하였다. 1894년 전라도 고부에서는 전봉준을 중심으로 동학농민운동이 일어났다. 당시 정부의 관리들의 부패로 농촌은 계속 피폐해 가고 있었고 이러한 부패를 보고 견딜 수 없었던 농민들은 맨손으로 개혁안을 내걸고 정부군과 대항하면서 싸웠는데 이것을 가르쳐 '동학농민운동' 이라고 말하고 있다.

서울에서 내려온 정부군은 계속 힘에 밀려 어찌할 줄을 몰랐다. 정부에서는 할 수 없이 청나라에 사신을 보내어 지원을 요청하였는데 이때 청나라 이홍장 장군은 청나라 군인을 이끌고 충남 아산만에 진을 쳤다. 이러한 소식을 접한 일본은 자국의 백성을 보호한다는 구실로 1개 사단 병력을 한국에 상륙시켰다.

청나라와 일본이 한반도에서 서로 자신의 세력을 확장하기 위해 결국 1894년에 청·일전쟁을 일으켰다. 이 전쟁으로 수많은 일본 군인들이 한반도에 상륙하여 청나라 군인들과 전투에 임하였다. 전투 결과 일본의 승리로 끝나자 청나라는 한국에서 손을 떼게 되었으며 승리한 일본은 전쟁의 대가로 중국의 영토였던 대만을 넘겨 받아 이 일로 대만은 억울하게 일본의 식민지가 되었다. 이러한 관계 속에서 한국은 자연히 일본과 불평등 조약을 맺어야 하는 굴욕적인 일들이 서서히 진행되어 갔다.

이러한 때에 러시아는 서서히 남하 정책을 쓰면서 한반도를 넘겨다보고 있었다. 러시아는 그들의 영토에 속한 모든 항구들이 항상 겨울만 되면 얼기 때문에 얼지 않는 항구를 갖기를 원하여 한반도를 식민지화하려고 기회를 엿보고 있을 때였으므로 자연히 일본과 외교적인 마찰이 일어났다. 이러한 일로 빚어진 전쟁이 1905년의 러·일전쟁이었다. 역시 이 전쟁도 한반도가 격전지가 되었으며, 일본은 온갖 정력을 쏟으면서 이 전쟁에서 승리하였다. 이때 한국이 일본에 협력해 주면 한국을 완전히 독립국가로서 그 위상을 높이겠다고 하여 일본에 협력하였지만 끝내 한국은 일본에 속고 말았다.

이 전쟁으로 한국은 1905년에 일본과 강제로 을사보호조약을 체결하는 결과만 낳게 되었다. 이 조약으로 한국의 외교권과 국군통수권을 일본에게 넘겨 주어야 했고, 이 일은 장차 한국을 식민지화하겠다는 일본의 계획이 숨어 있었다. 그리고 일본과 미국은 암암리에 양국의 외상들이 모여 가츠라(桂)-태푸트(Tapt) 조약을 체결하고 필리핀은 미국이 식민지화하고, 한국은 일본이 식민지화하는 데 합의를 보았다.

이 일로 1910년 8월 29일 한국은 일본의 식민지가 되었으며 이 일이 이루어지자 일본의 현역 육군대장이며, 육군성 장관인 데라우찌(寺內穀)가 조선 총독으로 부임하였다. 이처럼 현역 육군대장을 조선 총독으로 보낸 것은 일본이 한국을 무단통치를 하겠다는 강한 의지가 포함된 것이다. 그래서 일제는 한국의 불량자들을 임시 헌병으로 고용하면서 한국인들을 탄압하였으며 이미 토지조사에 의해서 신고되지 않은 토지들은 모두 압수하였다. 압수한 토지를 관리하는 회사가 '동양척식회사'였다. 신고하지 않았다 하여 토지를 빼앗겨 버린 수많은 농민들은 길거리에서 방황하였으며 일본에서 유입된 많은 농민들은 저금리로 동양척식회사로부터 땅을 분배받아 농장을 갖게 되었다. 그리고 이 농장에서 일했던 농민은 모두 땅을 빼앗긴 한국의 농민들이었다.

각종 관공서에서 활동했던 한국인은 모두 일본에게 넘겨 주어야 하는 딱한 처지에 놓이게 되었으며 임금도 일본인의 절반 수준밖에 안 되는 어처구니없는 환경에 접하고 말았다. 또한 땅을 빼앗긴 많은 농민들은 저항운동을 하였지만 이들과 싸워 이길 만한 힘은 없었다. 이미 앞에서 언급하였지만 국군통수권을 빼앗기자 곧 구 한말 군인은 해산당하였다. 이에 격분한 구 한말 군인들은 무기를 버리지 않고 집단적으로 모여 일본군과 대항하는 일 등이 여기저기에서 일어났지만 신식 무기를 갖고 있던 일본군과는 싸울 만한 실력을 갖추지 못하였다. 일제는 의병운동을 저지하기 위해서 일본에서 가장 훈련이 잘된 육군 제5사단 병력을 서울과 각 지방에 배치시키고 온통 공포의 분위기로 만들었다.

2) 한일합병과 식민지 전도

한반도에서 청·일전쟁과 러·일전쟁이 일어나고 있을 때 일본 교회는 성전(聖戰)이라 선전하면서 일본군의 사기를 높이기 위해 기도회를 갖는 등 온갖 정성을 다해 지원하였다. 때마침 양 전쟁에서 승리한 일본의 교회도 한반도에 진출하여 한국인들에게 일본화를 위한 교육을 준비하였다. 1907년에 대일본교육회에서는 서울에 경성학당을 설립하고 학당장에 와다세를 임명하여 한국의 젊은 청년을 상대로 교육시켰다. 일본조합교회에서 목사안수를 받은 와다세는 1909년에 일본조합교회 조선식민지 전도부 간사로 임명받고 서울에 한양교회를 설립하였다. 한일합병이 이루어진 1910년에 평양에 기성교회를 설립하는 등 전국을 누비면서 식민지 전도에 온갖 힘을 기울였다. 그리고 교회를 다니려면 조합교회에 다니라고 권면하며 한국인을 유혹하고 나섰다. 조합교회에 출석하게 되면 일본으로부터 많은 혜택을 받을 수 있다고 달콤한 말을 하기도 하였다. 이러한 결과로 매년 교인이 증가하였으며, 3·1운동이 일어났던 1919년에는 59개의 교회와 80명의 교역자, 15,005명의 신도가 있었다. 그러나 1919년 3월 1일 독립만세가 일어날 때 많은 조합교회 교인들이 독립만세 운동에 참여하면서 교세는 급격히 감소 현상을 가져왔다. 그 동안 조합교회는 조선 총독부의 권력의 비호와 일본 재벌들의 지원금으로 활발하게 움직였지만 3·1운동으로 쇠퇴 일로에 접어들었으며, 그 후 조합교회는 그 명칭을 '조선회중교회'로 바꾸고 한국인 유일선 목사가 이끌고 갔다. 그러나 해방과 함께 이 교단은 해산되었으며 재산과 교인은 대부분 장로교회로 속하게 되었다.

이 외에도 일본인 교회가 교파별로 상륙하였다. 서울 태평로에 일본 경성기독교회(장로교), 회현동에 일본 메도디스트 경성교회(감리교), 일본 호리네스교회 등 각 교파들이 일본인들이 거주하는 도시마다 설립되어 일본인과 한국인의 전도에 힘을 기울였다.

식민지 전도에 앞장섰던 교파가 있는 반면에 한국인에게 사죄하면서 전도했던 오다나라찌(織田楢次, 한국명 전영복) 목사의 행적 또한 빼놓을 수 없다. 그는 일본 창상원 주지의 자녀로 태어났지만 불교에 대한 회의를 느끼고 기독교로 개종한 후 전도인으로서 1924년 서울에 잠시 머물렀다가 압록강 주변에 있는 마을을 찾아다니면서 복음을 전파하였다. 때로는 일본 경찰에 체포되어 고생도 많이 하였으며, 서울 서대문 현저동에 경성복음교회와 경성복음학교를 설립하여 한국인들의 좋은 벗이 되면서 사역에 임하였다. 1938년 그는 평양에서 신사참배는 우상에 절하는 것이라면서 신사참배 반대운동을 전개하다가 투옥되기도 하였다. 그 후 일본 경찰에 의해 강제로 추방당하였으나 일본 동경에 있는 가와시마 한인교회에서도 목회를 하였다. 잠시 군에 입대하였다가 패전을 만나자 곧 제대를 하고 다시 후꾸오까에 달려가 귀환하는 한국인을 안내하는 등 많은 협력을 아끼지 않았다. 그 외에 전남 내륙지방에서 활동하던 모리 전도인과 경남 밀양과 진주에서 활동했던 시니다 전도인도 빼놓을 수 없는 좋은 한국인의 벗이었다.

여기에 또 소개한다면 1912년 전북 고창군 부안면 오산리에 사과 농장을 개척하며 오산교회와 오산학당을 설립한 일본 동경 노부노죠교회의 마스도미(枡富安左偉門) 장로가 있다. 당시 오산은 전북 고창에서도 아주 오지로 보잘것 없는 마을이었지만 마스도미 장로를 통해서 새로운 문화를 접하게 되었다. 오산학당을 일본인이 경영하게 되면 식민지 교육을 시킨다는 오해의 소지가 있기 때문에 이 학당을 고창군민들이 운영해야 한다면서 고창군민들로 하여금 재단을 형성하게 하고, 자신은 이사장으로 취임하여 자신의 제자의 한 사람이었던 양태승을 교장으로 선임하는 등 애를 썼으며 1919년 4월에는 고창읍으로 이전하고 고창고등보통학교(현 고창고등학교)로 승격시켜 많은 인재를 양성하였다.

70 ◆ 한국 기독교의 발자취

서울 북창동에 설립한 일본 경성조합교회 건물

오다나라찌 목사 부부

조선기독복음교회 전도대원 일동(중앙이 오다나라찌 목사)

2. 부흥운동과 한국교회의 성장

1) 신앙의 공동체 형성

선교사들의 활동과 구한말 정부의 협력으로 병원과 미션 스쿨은 신앙의 요람지가 되었고 기독교의 문화가 점점 뿌리를 내리고 있었다. 서울에서는 미국 북장로교 선교사들에 의해 새문안교회가 자리를 잡았으며 남대문교회, 연동교회, 승동교회 등이 차례로 설립되었다. 평양에서도 장대현교회, 충북에는 청주제일교회, 경북에는 대구제일교회 등이 설립되었다. 미국 남장로교 선교부에 의해 전북에 전주서문교회, 군산개복교회, 전남에 목포양동제일교회, 광주제일교회, 순천중앙교회 등이 차례로 설립되었으며 호주 장로교 선교부에 의해서는 부산 부산진교회, 부산초량교회, 마산문창교회 등이 차례로 설립되었다. 또한 캐나다 장로교회에 의해 원산교회, 성진교회, 회령교회 등이 설립되었으며 북간도쪽으로 이민하는 동포들을 그냥 방치할 수가 없어서 북간도에 있는 용정, 연길, 그외 한국인이 머물고 있는 곳이라면 어디든지 신앙의 공동체를 형성할 수 있는 교회를 설립하고 나섰다.

이상과 같이 대도시를 중심으로 설립되었던 교회들이 선교부의 협력을 얻어 교회 주위에 있는 소도시에까지 신앙의 공동체를 형성할 수 있도록 교회가 설립되었다. 이들의 신앙을 더욱 확고히 하기 위해서 선교사들은 자신들의 선교구역을 순회하면서 학습 및 세례문답을 실시하였으며 문답에 합격하면 성례전을 거행하면서 신앙의 공동체를 더욱 확고히 만들어 갔다.

2) 목회자 양성과 장로회신학교

평양에서는 마펫 선교사가 자리를 잡고 평양 선교부를 상설하였다. 이미 예양협정에 의해 전국적으로 교회가 설립됨으로 교회를 이끌고 갈 수 있는 교역자가 요청되자 1901년에 마펫은 자신의 사랑채에서 학생

김종섭, 방기창 2명을 모집하고 최초로 신학교육을 실시하였다. 그러나 한국에서 활동하던 4개의 장로교 선교부로부터 공동으로 운영할 수 있는 학교가 요청되자 1904년에 정식으로 평양에 장로회신학교(현 장로회신학대학교, 총신대학교)라는 간판을 내걸고 신학 수업을 실시하였다. 1907년 2개의 미국 남북감리교 선교부에서도 교역자를 양성해야 한다면서 서울에 협성신학교(현 감리교신학대학교)를 설립하였다.

평양에 있는 장로회신학교는 4개의 선교부에서 파송한 교수들에 의해 수업이 진행되었으며, 처음에는 2명으로 시작되었지만 각 지방에서 추천된 교역자로 자질이 인정되는 인재들이 교육에 임하였다. 이러한 과정에서 장로회신학교는 어느덧 학생이 7명이 되었으며 이들은 처음 3개월은 공부하고, 나머지 9개월은 각기 목회현장에서 통신으로 수업을 받았다. 이렇게 출발한 장로회신학교는 1907년 6월, 5년 간의 신학 전 과정을 이수한 학생 7명을 배출하게 되었다. 이들은 장로회신학교 제1회 졸업생이 되었는데 그들의 명단을 살펴보면 방기창, 길선주, 송인서, 한석진, 이기풍, 양전백, 서경조 등이었다. 장로회신학교는 해가 갈수록 많은 학생들이 각 선교부와 지방 대리회의 추천을 받아 입학하였다. 그래서 제2회 졸업생은 1909년에 배출되었다. 신학생을 배출한 마펫은 매우 기뻤다. 비록 짧은 기간이었지만 한결같이 개척자적인 정신으로 수업에 임했던 신학생들은 장차 한국교회를 이끌고 갈 역군임에 틀림없었다.

비록 이들이 졸업했지만 목사안수를 받을 수 있는 노회가 없었기에 선교협의회에서는 한국인 장로들과 함께 1907년 9월에 대한예수교장로회 독노회를 조직하였다. 이 때까지만 해도 한국인 목사는 한 사람도 없었다. 그 동안 지방 치리회로 되었던 각 지방 대리회를 대표해서 평양에 모여 독노회를 조직하여 신학교를 졸업한 한국인 7명에게 목사안수를 받게 하였다. 이로써 한국교회를 짊어지고 갈 이들 7명은 순교를 각오하고 민족공동체로서의 교회를 형성할 힘을 확인하는 좋은 기회가 되

2. 한일합병과 한국교회의 성장 ◆ 73

1907년 평양 장로회신학교 제1회 졸업생 일동

여기 재학생은 초기 신학반 신학생들이다. 이를 바탕으로 해서 1907년에 감리교 협성신학교가 창립되었다.

평양 장로회신학교 재학생 일동. 앞줄에 한석진 조사가 들고 있는 태극기가 인상적이다(1906년).

초창기 평양 장로회신학교 건물은 한옥 2층이었다.

었다.

특별히 독노회 발족을 기념하기 위해서 1907년에 이기풍 목사는 제주도 선교사로 파송받고 출발하였다. 그 나머지 6명은 각기 관서지방의 여러 교회 당회장겸 담임목사가 되어 목회에 임하였다. 다시 1909년에 제2회 장로회신학교 신학생이 졸업하게 되었으며 이들 역시 독노회에서 목사안수를 받고 전라 대리회, 경상 대리회, 경기충청 대리회, 함경 대리회, 평안북 대리회, 평안남 대리회, 황해 대리회 등 7개 대리회로 흩어져 사역에 임하였다.

한국에 파송된 여성 선교사들의 활동은 한국의 여성 지위 향상에 크게 기여했을 뿐만 아니라 많은 여성 지도자들이 배출되는 기회를 가져다 주었다. 여성을 중심으로 한 달(月)성경학원은 1897년 농한기를 이용하여 1개월 간 선교부를 중심으로 실시되었으며, 이 과정은 5년 동안 이수해야 수료할 수 있었다. 여기에 힘을 얻은 각 선교부에서는 1907년에 안수받지 않은 여성 지도자를 전도부인(현 여자전도사)이라 하여 각 교회에서 활동하게 하였는데 이때 전도부인은 48명이었다. 그 후 해마다 증가하여 1914년에는 163명이나 되었다. 이처럼 숫자가 증가하게 된 이유는 교회마다 여성 신도들이 많이 모여들었던 이유도 있었지만 여성을 위한 사경회의 역할도 컸다.

이들의 활동으로 한국교회가 성장하자 각 지역마다 여자성경학교가 문을 열었다. 1912년에 대구여자성경학교를 비롯하여 평북 정주, 함남 함흥, 경북 안동에 각각 설립되었다. 또한 1914년에 황해도 재령, 1923년에 전북 전주, 1924년에는 전남 광주 등지에서 교육을 실시하게 되자 매년 여자 전도사가 증가되었다. 이처럼 각 지역에 여자성경학교가 설립되자 많은 농촌 여성들이 교회로 진출하면서 여성 운동이 활기를 띠게 되었고 이들의 수고로 매년 유년주일학교, 여전도회, 여성들의 활동은 몰라보게 많은 변화를 갖게 되었다.

여자성경학교 통계 현황(1918-1923년)

연 도	1918	1919	1920	1921	1922	1923
성경학교 수	31	29	30	29	31	30
학생 수	1,614	1,281	1,154	2,128	2,412	2,576

3) 부흥운동과 한국교회 성장
(1) 성령운동

한국교회의 부흥운동은 선교사들이 각 지역에 선교부를 설치하고 선교부 주최로 사경반을 운영하게 되면서 시작되었다고 할 수 있다. 한국에서 최초로 이 사경반을 운영한 것은 1890년에 언더우드 선교사의 집에서부터라고 하겠다. 이 사경반의 운영을 성공적으로 이끌었던 선교부에서는 1893년에 사경반을 '사경회'라고 부르고 교회를 중심으로 해서 각각 남녀 사경회를 실시하였다. 이 남녀 사경회는 대개 농한기를 이용하여 개최되었으며, 대개 1주일에서 1개월 정도 운영되었다. 강사는 거의가 남녀 선교사들이었다. 여기서 교육을 받은 일반 신도들은 개교회에 돌아가 모두 그 교회의 지도자로서 교회 성장에 크게 기여하였다. 또한 여자 사경반도 마찬가지였다. 이 때는 여자 선교사들이 중심이 되어서 반을 운영하였으며, 혹시 한글을 모르는 신도가 있으면 따로 한글반을 운영하는 등 세심한 배려를 아끼지 않았다. 저녁에는 대중 전도집회를 개최하기도 하였다.

이러한 사경회와 함께 달(月)성경학교도 운영되었는데 달성경학교 초창기는 남녀 각각 따로 운영되었으며, 이 달성경학교에 입학하게 되면 성경을 체계적으로 배울 수 있는 좋은 기회도 되었다. 사경회나 달성경학교에 참석하기 위해서 50리 밖에서도 이불 및 음식을 준비해 가지고 와서 교회나 교회 근방에 있는 교인들의 가정에서 민박하면서까지 성경 배우는 일에 열심을 보였다.

점점 교회가 부흥되고 또한 교회가 없는 곳에서도 교회를 설립할 수 있도록 의욕을 주기 위해서 개교회를 중심으로 부흥사경회를 개최하였다. 1907년 1월에 평양 장대현교회에서는 뜻하지 않게 대부흥운동이 일어났다. 이를 가리켜 교회 사학가들은 한국교회의 대성령부흥운동이라고 말하고 있다. 이 성령부흥운동은 1903년 8월 함남 원산에서 출발되었다. 잠시 중국에서 선교사역을 맡고 있던 화이트(Miss M. C. White)는 한국을 방문하고 원산에 머물고 있었다. 이때 캐나다 장로교 선교사인 맥컬리의 요청으로 성경공부와 기도회를 갖게 되었는데 이 모임에 참가한 감리교 선교사 하디(R. A. Hardie)는 성경공부와 기도하는 중에 영적으로 성장하지 못했음을 통회자복하였다. 하디는 의료선교사로서 3년간 사역하였지만 얻어진 것은 아무것도 없었다. 그는 이 모임에서 선교사역에 대한 실패담을 동료 선교사들에게 적나라하게 고백하였는데 이때 그는 자신에게 신앙이 없음을 모든 참가자들에게 진솔하게 이야기하고 회개하였다. 그러자 하디의 회개에 놀란 한국인도 함께 눈물을 흘리면서 회개하였으며, 이 회개를 통해서 원산집회는 성공적으로 마감하게 되었다.

이러한 소식이 곧 선교사들의 입을 통해서 한국교회에 널리 알려지게 되자 하디와 원산에 있는 한국인 신자들은 서울, 인천, 평양, 목포 각 지역에서 초청받아 부흥운동을 실시하게 되었다. 1905년 겨울, 평양 성경학교에 모인 800명의 참가자들은 원산에서 체험했던 부흥운동을 다시 만나게 되었다. 1906년 가을에 미국 남감리교 선교사인 저르딘은 목포에서 집회를 인도하였는데 이 집회에 참석했던 프레스톤 선교사는 지금까지 받지 못했던 새로운 은혜를 받았다면서 저르딘을 극구 찬양하였다.

전국적으로 부흥사경회 운동이 전개되자 평양에 있는 장대현교회에서도 이 운동에 참여하기 위해 부흥사경회를 준비하였다. 이때 이 교회에서 교역하고 있던 길선주 전도사는 성공적인 집회를 만들기 위해서 새벽기도회를 열었다. 이때 한국 장로교에서 최초로 목사안수를 눈앞에 두고 기도하고 있던 길선주 전도사는 분명히 성령이 역사할 것을 믿고 준비에 임하고 있었다. 1907년 1월 초 낮 성경공부는 거의 시골에서 올라온 남자들로 구성되었는데 약 800여 명이 모이게 되었다. 밤에 모이는 대중집회에는 평양 시내에 사는 약 1,500명이나 되는 많은 사람들이 모여들었다.

이날 강사로 나타난 길선주는 마치 광야에서 죄를 회개하라고 외쳤던 세례 요한의 모습이었으며, 그의 전하는 말에 모두가 통회하는 모습은 마치 사도행전에 기록된 마가의 다락방과 같은 분위기였다. 첫날부터 장대현교회 모임에는 시간이 흐를수록 성령의 불길이 더욱 뜨겁게 임재하고 있었다. 거의 모임이 끝날 무렵 블레어(W. N. Blair) 선교사는 "너희는 그리스도의 몸이요 지체의 각 부분이다."라는 성경의 메시지를 전달하였다. 이때 자신들의 사랑이 부족해서 신도와 신도 사이, 외국인과 한국인 사이에 갈등들이 일어났다는 고백적인 설교를 들은 회중들의 회개의 기도가 온 공간을 가득 메웠다. 이날 밤의 열기는 외국인과 한국인이, 신도와 신도들이 서로서로 손을 붙잡고 "다 예수 그리스도 안에서는 한 형제요, 자매"임을 확인할 수 있었던 좋은 기회가 되었다.

이러한 분위기는 자연히 1월 14일까지 이어지면서 선교사 리(G. Lee)가 다시 "나의 아버지여!"라는 말씀을 전하자 또다시 회중들 사이에 들고 회개의 운동이 일어났다. 이날 회중들의 성령 역사의 체험은 집회 마지막 날인 1월 15일까지 계속되었다. 이날 길선주 전도사의 마지막 설교가 다 끝난 후 각기 집으로 돌아가라고 하였지만 6~7백 명의 교인들은 계속 남아 회개기도를 하였다. 또한 길선주 전도사와 다른 선교사들도 서로 미워했던 일을 고백하면서 마루바닥에 뒹굴면서 기도하였다. 이러한 광경을 지켜보던 회중들도 자신들의 음란한 생활, 증오했던 일들을 낱낱이 고백하면서 교회 안을 온통 울음바다로 만들었다.

이처럼 장대현교회에서 일어난 부흥사경회를 지켜본 블레어는 훗날 부흥회의 정황을 가리켜 "그 때의 일은 형용할 수 없는 사건이었다."라고 말하였으며 이때 외쳐 대던 기도의 소리는 "큰 폭포소리처럼 들렸으며, 바다의 파도소리가 하나님의 보좌에 부딪쳐 울려 퍼지는 듯하였다." 며 감격하였다. 장대현교회에서 일어난 성령의 불길은 여신도들과 학생들에게까지 번지면서 전국적으로 성령의 운동으로 확산되어 갔다. 그래서 그레함 리는 선천으로, 길선주는 의주와 서울로, 헌트는 대구로, 솔론은 광주로 각각 분담하여 성령운동을 전개해 갔다. 1905년의 한국교회의 교세와 1907년에 일어났던 성령운동 후의 교세 통계를 살펴보면 다음과 같다.

성령운동 전과 후의 교세 비교(1905-1907)

연도	교회수	전도소	세례교인	학습교인	헌금(원)
1905	321	470	9,761	30,136	1,352,867
1907	642	1,045	18,964	99,300	5,319,785

(2) 백만 명 구령운동

일제의 힘에 밀린 구한국은 을사보호조약이라는 어이없는 단어가 등장하면서 한국인의 앞길을 가로막고 있었다. 이때 교인들 사이에는 회개의 운동이 일어나면서 교회로 모여들기 시작하였다. 한편, 평양에서 일어났던 성령운동은 한국교회로 하여금 망해 가는 국가에 대한 소망을 찾기 위해서는 교세 확장만이 구국의 길임을 알게 하였다. 이미 한국에서 선교 활동하고 있던 선교사들은 미·일협정에 의해 비정치적 활동만 하도록 되어 있었다.

선교가 활발하게 이루어졌던 초창기에는 한국교회와 선교사들이 일심동체가 되어 정치, 사회적인 문제에 이르기까지 깊은 관심을 갖고 활동하였다. 그러나 을사보호조약이 체결되면서 한국교회 교인들은 "십자군을 일으켜 일본을 축출해야 한다."는 입장인 반면에 선교사들의 입장은 180도로 달랐다.

2. 한일합병과 한국교회의 성장 ◆ 79

1907년 성령운동의 시발이 되었던 평양 장대현교회 건물(1900년)
초창기 한국교회는 남녀의 좌석을 구별하기 위해서 ㄱ자 형태로 교회를 건축하였다.

비정치적인 입장에 있던 선교사들은 정치, 사회적인 문제보다는 교회 성장에 힘을 기울였으며, 한국교회 교인들도 교회 성장만이 애국 애족하는 길이란 사실을 인식하고 교회에 힘을 쏟았다. 이들은 너 나 할 것 없이 하나님께 소망을 두고 교회로 몰려오면서 성령운동은 더욱 뜨겁게 번져 갔다. 1909년 개성을 중심으로 활동하던 남감리교 선교사 소속 3인은 입산기도회를 갖고 한국교회의 성장을 계속 이어갈 수 있는 방안을 모색하였다. 1년에 5만 명씩 교인이 증가하면 곧 한국은 복음화가 될 수 있다는 확신을 갖게 되었으며, 다시 이 목표가 20만 명으로 바뀌어졌다. 이 숫자가 점점 확대되어서 1백만 명을 목표로 하고 전도 운동에 힘을 기울이게 되었다. 을사보호조약 이후 이또우 히로부미(伊藤博文)가 서울 남산 입구에 통감부(統監部)를 설치하고 통감으로 부임하면서 나라는 더욱 어렵게 되었으며 땅과 일자리를 빼앗기고, 주권도 빼앗긴 백성들의 한탄의 소리가 여기저기서 땅 끝까지 들려졌다.

이러한 때 한국교회 교인들은 누구를 원망할 필요가 없었다. 모두 함께 노력해서 백만 명의 신도가 생겨나 새로운 구심점을 형성함으로 다시 나라를 찾을 수 있다는 확신을 갖고 있었다. 그래서 교회마다 새로운 출애굽의 역사를 만들자면서 전도에 총력을 기울였다. 1910년 9월에 평안북도 선천지방에서 개회되었던 제4회 대한예수교장로회 독노회에서도 백만 명 구령운동을 결의하였고 각 지방에 있는 7개 대리회(평안북도, 평안남도, 황해, 함경, 경충, 전라, 경상)로 하여금 실천에 옮기도록 하였다.

전국에 산재해 있는 교회는 물론 미션 스쿨의 학생과 교사들도 이 운동에 합세하였으며 심지어 주일학교 유년부 아이들까지도 적극적으로 나서게 되었다. 이때 날연보(Day-Offering)운동을 전개하였는데 당시 한국교회는 재정적인 취약점이 있었지만 스스로 일주일 중 한 날을 전도운동에 참여하겠다는 헌신적인 운동이 일어났다. 이러한 운동이 일어날 당시 이 운동에 참여했던 교인이 무려 10만 명이 넘었으니 당시 한국 교인들의 전도에 대한 열정이 얼마나 컸는가를 알 수 있으며, 이 당시 노방전도나 축호방문전도를 통해서 뿌려진 마가복음서만 70만 권이나 되었으니 얼마나 열심히 운동을 전개했는가를 잘 알 수 있다.

　이러한 운동이 한일합방이 이루어진 지 얼마 안 되어 일어났던 운동이었기에 일제로서는 여간 부담을 갖지 않을 수 없었다. 일제는 한국에서 가장 두려운 집단체가 교회임을 잘 알고 있었다. 일제가 한일합병을 이루는 데에 있어 일본 교회는 한국이 일본에 합병되는 일이 하나님의 뜻인 것으로 알고 이를 적극적으로 지지하였고 따라서 한일합병시 기뻐하였다. 그러나 일본의 평화주의자였던 우찌무라(內村鑑三)는 한국이 1백만 명의 교인이 될 때는 독립할 것이라고 말한 적이 있었다. 따라서 이 말에 의해 일제는 백만 명 구령운동에 대해서 민감한 반응을 갖게 되었다. 그리고 한국교회도 일제의 갖은 탄압을 이길 수 있는 방법은 신앙심밖에 없음을 알았기에 이 운동에 적극적으로 참여하게 되었던 것이다.

　이와 같이 백만 명 구령운동은 일제에게 큰 자극을 주었기에 이들은 기독교를 탄압할 수 있는 길을 모색하였다. 그 대표적인 탄압의 예가 일제가 조작했던 그 유명한 '105인 사건'이다. 1910년 12월에 데라우치 총독이 압록강 철도 개통식에 참여하기 위해서 서북지방을 시찰할 때 서북지방 기독교인들이 모의하여 총독을 암살하려고 음모를 꾸몄다는 구실로 기독교인을 약 7백여 명을 구속하였는데 이중 105명을 기소하여 재판에 회부했던 사건이었다. 그러나 이 사건은 서북지방의 왕성한 기독교를 탄압하기 위해 만들어진 조작극이었다. 결국 105인 사건은 만천하에 일제가 조작한 거짓임을 스스로 인정하였고, 기소했던 105인 모두를 무죄로 석방시켰다. 이후에도 일제는 할 수만 있으면 많은 기독교인들을 탄압하고자 했음을 여러 가지 측면에서 찾아볼 수 있다. 이 백만 명 구령운동은 여성들에게 큰 자극이 되어 매년 실시하는 여성 사경회에 엄청난 수의 인원이 참가하였다.

여성 사경회 참가 현황(1917-1927년)

연 도	1917	1919	1921	1923	1925	1927
회 수	739	497	635	612	1,252	1,077
참가수	40,888	41,838	42,164	45,182	51,870	48,803

* 장로교 여자사경회 통계임

4) 대한예수교장로회 총회 조직

장로교회의 조직은 당회, 노회, 총회 세 기관으로 구성되었다. 기독교가 한국에서 뿌리를 내리게 되자 1887년 9월에 최초로 새문안교회가 장로를 선출함으로 당회가 구성되었다. 당회가 구성되기 위해서는 목사와 장로가 있어야 했는데 초창기 한국교회 거의가 선교사 목사가 교회 당회장의 직무를 수행했기에 한국인 장로만 선출되면 조직 교회가 될 수 있었다. 선교사의 당회장 활동으로 1898년 평양 장대현교회, 황해도 솔래교회가 각각 장로를 선출하였다. 개교회의 장로 선출이 전국적으로 확대되자 1906년에는 한국인 장로가 33명으로 증가되었고, 그 동안 선교사가 주도적이었던 교회의 치리나 예배 인도에 한국인도 참여할 수 있는 기회가 되었다.

한국인 장로가 탄생하자 1901년 9월에 선교사 25명과 한국인 장로 서경조, 김종섭, 방기창, 조사 양전백, 송순명, 최흥서, 천광실, 고찬익, 유태연 등이 함께 모여 제1회 장로회공의회를 조직하였고, 한국 장로교회로서는 최고의 치리기관이 되었다. 그러나 수에 밀린 한국인 장로들은 선교사를 협조하는 정도의 일밖에 하지 못했다. 1907년에 한국인 장로가 47명, 조사 160명으로 증가하자 선교사들과 한국인 장로들로 조직된 장로회공의회를 확대하여 1907년 9월에 대한예수교장로회 독노회를 조직함으로써 한국교회의 위상이 달라지기 시작하였다. 그 동안 4개 선교부의 선교사들을 중심으로 교회가 조직되었지만 최초로 한국교회 목사

2. 한일합병과 한국교회의 성장 ◆ 83

미국 여선교사와 전도부인 일동(1929년 9월 6일)

평양에 모인 전국 전도부인 사경회 참가자 일동(1933년)

가 탄생하면서 한국교회 지도자들과 미국 교회 선교사들과 함께 독노회를 운영하였다. 한국교회 교인들의 헌신적인 전도운동으로 나라 잃은 백성들이 교회로 모여들어 교회는 활기를 띠기 시작하였고, 그 동안 각 지방별로 조직을 갖고 있던 7개 지방 대리회의 조직을 장로회 정치조직에 따라 노회로 개편하게 되었다. 1911년 9월 17일 대구에서 모인 제5차 독노회에서는 총회 조직을 위한 준비로 지방 대리회를 지방 노회 조직으로 승격하였다. 이로써 1911년 10월에 전라노회가 조직됨으로 뒤를 이어서 전국적인 조직 개편을 단행하였다. 이러한 일은 1912년 2월 20일 함경노회가 마지막으로 결성됨으로 전국적인 규모가 되었다. 이처럼 조직된 노회는 평안북노회, 평안남노회, 황해노회, 함경노회, 경기충청노회, 전라노회, 경상노회 등이었다.

  1912년 9월 7개 노회에서 선출된 총대원 목사 96명(선교사 44명, 한국인 목사 52명)과 장로 125명, 모두 221명이 평양에 있는 장로회신학교 강당에 모여 조선예수교장로회 창립 총회를 가졌다. 초대 총회장으로 언더우드가 선출되었으며, 이 일이 너무 감사해서 중국 산동성에 중국인을 위한 선교사로 박태로, 사병순, 김영훈 목사를 파송하기로 결의하였다. 이후 총회는 매년 지방으로 순회하면서 개회되었다. 2대 총회장은 호주 장로교 선교사 왕지길, 3대 총회장은 미국 남장로교 선교사 배유지가 각각 선임되었다. 1915년 전주에서 모인 제4회 총회에서는 최초로 한국인 목사인 김필수 목사가 총회장으로 선임되기도 하였다. 그 후 계속 한국인 목사가 총회장으로 선임되었지만 1919년 3·1운동이 일어나던 그 해 10월 총회에서는 마포삼열 선교사가 총회장으로 선임되었다. 일제에 의해 총회가 해산되던 1942년 제31회 김응순 총회장으로 마감될 때까지 한국인 목사가 수장이 되었다. 그리고 그 이후는 일본기독교조선교단으로 암흑기를 만나게 되었다.

5) 조선감리회 연회 조직

장로교회는 4개 선교부의 선교사가 내한하여 선교에 임하면서도 충돌 없이 단일 지도체제를 만들어 한국 장로교회를 이끌고 갔다. 그러나 감리교회는 미국 남북 감리교회로부터 선교 파송을 받은 이들은 남북 감리교회의 조직을 그대로 유지해 왔다. 최초로 한국에 발을 내딛었던 미 북감리교회는 1897년에 서울 구역회를 조직하면서 교회치리를 맡았고 이 구역회는 한국 선교회의 하부조직으로서 유지되었다. 1901년에 선교사들과 한국인 전도인들의 활약으로 교회가 탄생하자 서지방회(인천 중심), 북지방회(평양 중심), 남지방회(서울 중심) 등 세 개의 지방회가 조직되었다.

1905년 6월에 3개 지방회가 모여 제1회 한국선교연회를 조직하였으며, 다시 선교사들과 한국인 전도인들의 노력으로 1908년 3월 서울 정동감리교회에 모여 한국 감리교회로서는 최초 한국 연회를 조직하였다. 한국 연회 초대 감독으로는 일본 주재 해리스(M. C. Harris) 선교사가 되었고 한국 연회에 최초로 한국인으로서 참여했던 회원은 손승용, 이익모, 홍승하, 장낙도, 김창규, 권일신, 김우권, 현순, 김창식 목사 등이었다.

한편, 미 남감리교회는 한국에 선교사로 내한했던 그 이듬해인 1897년 9월에 중국 연회 소속으로 한국 지방회를 조직하였다. 다시 그 해 12월에 한국 지방회를 조직 확대하면서 한국 선교회라고 불렀다. 다시 1918년 10월에 맥머리(W. F. McMurry) 감독이 내한하여 한국 연회를 발전시켰다. 이때 협성신학교를 졸업한 남감리교회 소속 김흥순, 정춘수, 홍종숙, 이화춘, 오화영, 김영학, 최태곤, 유시국, 한인수, 박학면, 신공숙, 정재덕, 양주상 등이 목사안수를 받고 연회 회원이 되어 남감리교회를 이끌고 간 지도자들이 되었다.

한국에서 미 남북감리교회의 한국 연회가 탄생되면서 많은 선교사들이 한국인 목사를 지원하면서 선교에 임하였다. 그러나 같은 교리 장정을 갖고 있는 웨슬리안주의로서 한국에 두 연회가 필요하지 않다는 의견들이 대두되자 1930년 12월 서울에 있는 협성신학교에서 두 연회를 통합하여 조선감리교회를 탄생시켰고, 초대 통리사에 양주삼 목사가 추대되었다. 이후 양주삼 통리사 시대를 맞이하면서 한국에서는 장로교회와 함께 양대산맥을 이루면서 한국 선교에 크게 공헌하였다.

6) 조선성결교회 총회 조직

한국의 성결교회는 장·감 교회의 틈바구니 속에서도 열심히 교세 확장에 임하면서 3대 교파 중 하나로 자리잡았다. 이 교파의 모체는 일본 동경에서 출발했던 동양선교회였다. 동양선교회는 일본에서 선교사로 활동했던 미국인 카우만(E. A. Cowman), 킬보른(E. A. Kilbourne)에 의해 탄생되었다. 두 선교사가 다른 일본인 전도인을 대동하고 노방전도를 열심히 하는 중에 때마침 일본 동경에 유학온 김상준과 정빈이가 전도받고 동경성서학원에 입학하게 되었다. 이들이 졸업하자 곧 귀국하여 교회를 세우는 등 사역에 임하였다. 이들의 노력으로 교세가 점점 확장되어 가자 1912년 12월에 동양선교지부를 서울에 설치하고 영국인 토마스(J. Thomas) 선교사가 내한함으로 초대감독이 되었다.

그가 감독으로 재직할 당시 1914년 7월 전국 교역자 수양회 때 김상준, 이장하, 강태온, 이명직, 이명헌 등 5명이 첫 목사안수를 받았다. 이로써 선교사와 함께 성결교회의 협력시대가 열려졌다. 그러나 토마스 선교사는 부인이 병들자 치료를 위하여 귀국하고 말았다. 그래서 1920년 일본 동경에 주재하고 있던 킬보른 선교사가 내한하여 제2대 감독으로 취임하였으며 그는 교파에 상관없이 전도에 임하였다. 그를 따르는 신도들이 많이 생겨나자 조직을 정비하여 1921년에 복음전도관을 '조선예수교동양선교회 성결교회'라는 교파의 명칭을 갖게 되었다.

1929년 2월에 동양선교회 성결교회 총회를 개최하였다. 이들의 활동은 장·감 선교구역의 틈바구니 속에서도 열심히 전도하여 교세는 날로 번창해 갔으며 중국 동북부지방으로 이민하는 동포가 많아지자 1932년에는 봉천(현 심양), 할빈에 첫 선교구역을 확장하면서 선교사를 파송하였다. 이들의 수고로 선교가 활발하게 진행되면서 동포가 모여 사는 곳이라면 어느 곳이든지 교회를 설립하여 동포들에게 큰 희망을 안겨 주었다.

대한예수교장로회 제1회 독노회 창립(1907년 9월 17일)

미국 남북 감리회 소속 선교사 및 목사들이 모여 통합 전권위원회를 거쳐 1930년 12월 10일 서울 정동 감리교회에서 통합 총회를 개최하였고, 초대 감독으로 양주삼 목사를 선출하였다(1930년 11월 18일).

미 감리회 선교사 가족 일동(1928년)

초대 동양선교 성결교회 남녀 교역자들 일동

서울 무교동에 1907년 설립된 최초의 동양선교 성결교회(1909년)

한국 성결교회 창립 50주년 기념대회시 수상자 일동

3장

한국교회의 저항과 민족운동

1. 저항운동과 한국교회 • 93
2. 3·1 독립운동과 기독교 • 96
3. 신사참배 반대운동과 저항운동 • 101
4. 기독교의 변질과 일본 교단의 출현 • 109

3장

한국교회의 저항과 민족운동

1. 저항운동과 한국교회

1) 기독교와 애국운동

한국에서의 애국운동은 기독교를 접하면서부터 출발되었다. 구한말을 거치면서 청·일전쟁과 러·일전쟁으로 한국은 완전히 무력한 나라가 되어 버렸고, 일제는 쉽게 한국을 점령할 수 있게 되었다. 이러한 사실을 모르고 있던 대다수의 국민들은 기독교를 통해서 차차 나라를 찾아야 한다는 의식이 생겨나게 되었다. 이러한 의식을 갖게 되기까지의 배경은 두 가지 측면에서 찾아볼 수 있다. 그 하나는 각 지방마다 교회가 설립되면서 새로운 기독교 문화를 접하게 되었다는 사실이다.

과거 한국은 철저한 유교 문화권에 지배받아 왔기에 집단주의, 권위주의, 신분차별, 남녀차별주의 등이 강하였다. 그러나 교회는 이러한 문제를 하나씩 풀어 갈 수 있었다. 교회는 새로운 문화를 접하게 함으로 많은 한국인들에게 가치관을 변화하게 만들었다. 일단 개인이 얼마나 중요한가를 스스로 교회를 통해서 알 수 있었다. 유교의 산물이었던 권위주의도 성경의 만민평등사상 앞에서는 힘을 쓸 수 없었다. 한국 사회는 양반과 천민의 차별의식이 철저하였다. 똑같은 인간으로 태어났지만 양반이라 하여 천민을 종처럼 학대하고 일을 시키는 등 말로 다할 수 없는 차별들이 곳곳에서 나타났다. 따라서 미 북장로교 선교사 무어(S. F. Moore)는 특별히 천민을 중심으로 의식화 교육을 시키며 차별정책을 철회할 것을 구한말 조정에 헌의하였고, 이 결과로 천민도 양반과 똑같은 신분을 갖게 되었다.

또한 남녀차별 문제도 극심하였다. 우선 여자들은 교육을 시키지 않았으며, 만일 교육을 시킬 일이 있으면 한글을 터득할 정도였다. 그래서 심지어 한글을 '언문'이라 하여 여자들이 배우는 글로 전락시켰다. 가능한 외출은 삼가하고 평생을 남자를 섬기면서 사는 일이 가장 좋은 덕으로 알았다. 그러나 교회를 통해서 이러한 사상들이 하나, 둘씩 무너져갔다. 예배시간을 통하여 성경의 내용을 알게 되었고, 주일학교 운동을 통해서 공과공부 시간에 성경을 배우게 됨으로 과거 유교의 모든 전통은 한꺼번에 무너졌다.

또 다른 하나의 측면은 미션 스쿨의 영향을 들 수 있다. 미션 스쿨은 남녀 구별하여 설립되면서 근대 신교육을 접할 수 있는 기회가 되었다. 이 곳에서 많은 학생들은 새로운 인생관과 세계관을 접할 수 있는 기회를 가짐으로 자주, 자립정신에 입각한 애국심이 스스로 형성되어 갔다. 여기에 새로운 교육방법의 하나로 운동회가 개최되었는데 이를 통해 더불어 살아가는 공동체의 삶이 얼마나 중요한가를 알 수 있었다. 여기에 연설회, 토론회, 웅변대회 등이 장려됨으로 개개인의 개성이 얼마나 중요한가를 깨닫게 되었으며 또한 자기를 희생하면서 남을 돕는 일이 중요하다는 것을 마음속 깊이 간직했던 많은 사람들이 생겨나자 자연히 애국하는 일이 생겨났다.

한편, 교회와 미션 스쿨을 통해서 애국하는 일과 새로운 국가관이 형성되어 가고 있음을 인지한 많은 민족 지도자들이 미션 스쿨이 아닌 민족계 교육기관을 설립하였다. 독실한 기독교인이며, 구한말 군대 지휘관을 역임했던 이동휘는 1905년 이후부터 전국 각지에 100여 개가 넘는 교육기관을 설립하여 민족의식을 불어넣었다. 1907년 2월 외국에서 귀국한 진실한 기독교 지도자 안창호도 평양에 대성학교를 설립하고 민족지도자들을 양성하였다. 안창호의 영향을 받은 이승훈도 기독교 신자가 되어 오산학당, 가명학교, 신흥학교를 각각 설립하고 민족건학의 바탕 위에 기독교 정신으로 교육을 실시하였다.

1896년에 창간된 독립신문의 공헌도 컸다. 나라가 기울어 가고 있을 때 한국은 한반도에 있어서 자주국임을 모든 백성들에게 알릴 필요를 절감하자 독립신문을 발행하게 되었다. 이 신문은 모든 백성이 읽을 수 있도록 순한글로 발행되었다. 이 신문은 일반 대중으로 하여금 국가의식과 민권사상을 갖게 하였고, 국정의 잘못을 비판하고 열강의 세력 등을 고발하는 등 다양한 볼거리로 민중 계몽운동에 힘을 기울였다. 이 독립신문을 구독했던 대다수의 민중들은 민족이 있어야 국가가 있다는 사실을 확인하고 애국하는 일에 앞장서기도 하였다.

기독교에서도 1897년 2월 근대문명과 민족의식을 고취시키고 기독교 사상을 전달하기 위해서 감리교회에서는 「조선그리스도인 회보」, 장로교회에서는 「그리스도 신문」을 각각 발행하였다. 이 외에 고종 황제 탄신일에는 교파를 초월하여 연합적으로 축하행사를 가졌고 이 축하행사에서 함께 예배드리고, 애국가도 부르고, 교회는 태극기를 게양하기도 하였다. 이러한 전통이 이어져 3·1절과 같은 국가기념일에는 항상 애국가를 불러 민족이 얼마나 중요한가를 일깨워 주기도 하였다.

2) 저항운동

기독교를 접한 많은 민중들이 나라가 점점 기울어 감을 안타깝게 여겼지만 1905년 7월 일본 외상과 미국 외상에 의해 한반도를 일본에 넘기기로 한 조약인 카츠라·테프트 밀약이 이루어짐으로 일제는 강압적으로 을사보호조약을 체결하고 한국의 주권을 송두리채 빼앗아 갔다. 1905년 9월에야 이와 같은 사실을 알았던 장로회 공의회에서는 길선주

전도사의 발의에 따라 11월 감사절 다음날부터 1주간 구국기도회를 가지기로 결의하였다. 그리고 11월이 되어 전국 각 지역에 있는 모든 장로교회가 가진 구국기도회는 국가의 형편을 모든 교인들로 하여금 알 수 있게 한 좋은 기회가 되었다.

이러한 소식이 다른 교파에게도 알려졌는데 11월에 을사보호조약이 체결된 후 서울 상동감리교회 내에 있는 상동청년학원과 감리교 청년회 조직체인 엠웻청년회 등은 연합하여 수천 명의 청년과 일반 신도들이 모여 1주일 간 기도회를 갖게 되었다. 이 기도회를 주도한 상동감리교회 전덕기 전도사와 김구, 이동녕, 옥관빈, 조성환, 이지간 등은 기도회를 마친 후 도끼를 메고 궁궐로 나아가 조약반대 상소문을 올렸다.

기독교인들은 소극적인 방법에서 적극적인 방법으로 전환하여 1907년 4월에는 안창호를 중심으로 항일 비밀결사단체를 조직하였다. 여기에 참여한 단원들은 거의가 상동청년학원 학생들이었다. 이 항일 비밀결사단체는 신민회가 주동이 되었는데 안창호를 비롯해서 양기탁, 전덕기, 이동휘, 이동녕, 이갑, 유동열 등으로 조직되었다. 이러한 조직을 만든 목적은 상실되어 가는 국권회복운동에 있었다. 우선 중세적인 봉건 왕조를 청산하고 백성이 주인이 되는 공화국을 설립하는 데 있었으며, 이러한 공화국을 설립하기 위해서는 먼저 서울을 중심으로 하고 전국 각지에 지방 조직을 두기로 하였다. 먼저 기독교가 왕성한 서북지방에 근거를 두고 조직을 만들었으며, 이 조직의 회원은 국가관이 투철하고 국권회복운동에 적극 참여하는 인사들로 선발되었다. 대개 이 조직에 참여한 인사는 주로 기독교인들이 많았으며, 비기독교인들이지만 목적에 찬동했던 사람들도 모두 참여하여 함께 국권회복에 최선을 다하였다.

2. 3·1 독립운동과 기독교

1) 2·8 독립선언

일제 데라우치 총독의 무단통치는 한국인의 모든 자유를 박탈해 갔으며 이 일로 한국인은 매일같이 고통 속에 살아야 하는 환경에 놓이게 되었다. 더욱이 전국 각 지역에 초등학교를 설립한 총독부는 동화(同化)정책과 우민화(愚民化)란 이름하에 철저하게 일본식 교육을 시켰다. 여기에 교사들은 모두 다 군복을 입고 옆구리에는 일본도(日本刀)란 샤벨을 차고 다녔으니 일제가 얼마나 무서운 교육을 시켰는가를 단적으로 말해주고 있다.

1918년 세계 제1차대전이 종결되면서 미국 대통령 윌슨은 '민족자결주의'를 외치고 나섰다. 그 동안 힘이 없어서 강대국의 식민지가 되었던 모든 약소민족이 이 소식을 듣고 서서히 독립운동에 임하게 되었다. 1918년 4월 파리에서 모인 국제평화회담에 한국의 독립을 청원하는 대표단이 파송되었다.

이러한 소식을 접한 일본 동경 유학생들은 1918년 12월 29일에 유학생 망년회와 30일 유학생 웅변대회 등에서 조선독립운동의 의제를 갖고 토론을 전개하였다. 그 다음해인 1919년 1월 6일에도 웅변대회를 개최하고 그 자리에서 최팔용, 백관수, 윤창석 등 10여 명이 모여 실행위원을 선출하고 독립운동 실천계획을 세웠다. 독립선언서와 결의문을 작성한 동경 유학생 4백여 명은 그 해 2월 8일에 동경 조선 YMCA에 모여 기도하고 계획한 독립선언과 결의문을 낭독하고 일본 정부, 국회, 각 국가 공관에게 배포하였다. 이날 참석했던 동경 유학생들은 거의가 기독교 신자들이었던 까닭에 기도로 이 운동을 시작하였다. 이 운동은 곧 본국에까지 파급되어 3·1운동을 일으키는 데 결정적인 역할을 하였다.

2) 3·1 독립운동

일본 동경에서 일어났던 2·8독립선언은 곧 국내로 파급되었으며, 이 운동을 준비하는 과정에서 소식을 접한 본국에서는 천도교를 중심으로 추진되어 가고 있었다. 여기에 기독교에서도 합세하여 선우혁이 이승훈, 양전백 등을 방문하여 독립운동에 대해 협의하였다. 이때 서북지역(평양, 선천, 정주)의 기독교인을 중심으로 독립운동을 전개하는 것이 좋겠다는 의견을 교환하고 조직에 임하였다. 천도교측의 연락을 받은 이승훈은 곧 상경하여 서울에서 손병희를 만나 기독교와 함께 독립운동을 전개하기로 하였고 또한 서울 YMCA 간사 박희도, 세브란스병원의 제약주임 이갑성, 연희전문학교 학생대표 김원백 등과도 만나 협의하였다. 독립운동은 종교계가 연합으로 전개해야 된다는 여론에 따라 불교계의 한용운, 백용성 등도 함께 이 운동에 참여하였다.

이처럼 종교계가 중심이 되어 구체적인 독립운동을 준비하는 가운데 자금은 천도교가 맡고 인원 동원은 기독교가 맡기로 하였다. 거사 일은 1919년 3월 1일로 정하였고 최남선으로 하여금 '독립선언서'를 작성하게 하였다. 모든 준비가 완성되었을 때에 독립선언서에 서명했던 민족대표 33인(기독교 16, 천도교 15, 불교 2)은 하루 전날 종로에 있는 태화관에 모여 독립선언서를 낭독하고 일제에 통보하기에 이르렀다. 이때 서명했던 민족대표들은 곧 경찰에 연행되었으며 따로 종로 탑골공원에 독립선언식(정재용 전도사가 낭독)을 가졌던 학생, 시민들은 평화적인 방법으로 시위에 임하였다.

이날 서울에서 일어난 이 독립운동은 같은 시각에 평양, 진남포, 안주, 선천, 의주, 원산 등지에서도 일어났으며 이 운동은 전국으로 확산되면서 남하하기 시작하였다. 사전에 서울과 긴밀한 연락을 받았던 청주, 천안, 공주, 군산, 전주, 광주, 목포, 대구, 부산지방에서도 기독교와 천도교가 함께 독립만세를 불렀다. 이 외에도 크고 작은 고을에 이르기까지 천도교와 기독교가 있는 지역은 다 참여하였다. 특별히 기독교에서는 전국적으로 미션 스쿨 남녀학생이 주동이 되어 만세를 부르기 시작하였으며 이에 기독교 신자들과 함께 천도교 교인들도 참여하게 되었다.

이 독립만세는 한국교회가 담당해야 할 십자가였기에 누구 하나 자신의 몸을 아끼려는 사람이 없이 모두들 맨손으로 독립만세를 불렀다. 처음부터 무저항으로 임했던 한국의 시민과 학생들은 가장 평화적인 방법으로 시위를 했지만 일제의 헌병경찰은 총칼을 휘두르면서 시위대를 체포하는 등 무자비하게 탄압을 가하기 시작하였다. 몇 가지의 예를 들면 평남 강서의 학살사건, 평북 정주의 학살과 방화사건, 의주교회의 방화 및 파괴사건, 경기 수원 제암교회 방화 및 학살사건, 서울의 십자가 처형사건, 전북 익산역전에서 일본 헌병의 무차별한 총칼이 난무한 사건 등 차마 말로 다 표현할 수 없는 사건들이었다. 이중 수원 제암교회 사건은 일본군 아리다(有田俊父) 헌병이 기독교 신자와 천도교인을 교회에 불러모은 뒤 문을 폐쇄하고 방화하여 모두 불로 태워 죽인 아주 끔찍한 사건이었다. 이것도 모자라 이 마을 민가 31호를 모두 방화로 전소시켰다. 이러한 사건이 선교사 스코필드(F. W. Scolield)에 의해 온 세계에 알려지면서 일본은 국제적으로 비난을 받았다. 약 6개월 간 시위에 가담했던 한국인은 대부분 기독교 신자들이었으며 그 중에도 장로교가 절대다수를 차지하였다. 그 피해사항을 종교별로 살펴보면 다음과 같다.

종 교	체포된 인원	비 율	비 고
기독교	3,348	17.1%	장로교 2,468 감리교 560 기 타 320
천주교	55	3.3%	
천도교 및 시천교	2,200	11.8%	
불교	220	1.1%	
유교	346	1.8%	
타종교	21	0.1%	
시민학생	12,311	63.2%	
합 계	19,525	100.0%	

3) 해외 3·1운동과 임시정부 출현

이처럼 엄청난 3·1독립운동은 국내로만 끝나지 않았다. 한국인이 많이 이주해 있던 중국 북간도지방 용정에서도 1919년 3월 13일, 1만 명이 모여 독립만세를 부르짖었다. 이때 중국 군인의 발포로 10여 명이 사망하였고 수십 명이 부상당하였다. 이후 일제에 의해 땅을 빼앗겼던 농민들과 민족주의자들은 북간도로 이민을 가서 계속적으로 독립운동을 전개하였다. 자연히 이들의 독립운동은 1919년 4월 중국 상해에서 수립된 대한민국 임시정부에 독립자금을 모금하여 지원하기도 하였다. 1920년 8월에는 간도지방의 연길현, 왕청현, 화룡현 등 3개 현에 있는 10개 지방에 대한국민회를 조직하였고 다시 133개의 지회를 조직하여 간도지방의 최대 독립운동 단체로 발전해 갔다.

1920년에 연길현 명월구에 사관학교를 설립하여 독립군을 양성하기도 하였으며 이들의 독립심은 해가 갈수록 고조되었고, 1920년 7월에 그 유명한 봉오동전투에서는 일본군과의 전투에서 대승리를 올리는 개가도 있었다.

3·1독립운동은 서간도 지방에서도 일어났다. 서간도 지방에서는 통화현, 유하현, 즙안현 등을 중심으로 만세시위가 활발하게 전개되었다. 1919년 4월 대황구교회에서는 약 300명의 교인들이 무기 구입에 재정적인 지원을 하였으며 청년 70여 명은 군사훈련을 받으면서 항일투쟁에 앞장서기도 하였다. 또한 즙안현에 있는 교인들은 천도교 신도들과 연합하여 청년회를 조직하고 독립운동단체 지원에 참여하였다. 이렇게 간도지방이 항일의 본거지임을 알고 1920년 10월 일본군부에서는 항일운동을 뿌리채 뽑기 위해 무자비한 색출과 무기 사용으로 많은 교인들이 처형당하였다.

이처럼 국내외를 막론하고 독립운동에 참여할 수 있었던 에너지는 모두 다 한국교회의 힘이었고 일본의 총칼에도 굴하지 않고 담대하게 설 수 있었던 일은 한국교회의 자랑이었다. 이러한 일은 그 동안 한국교회가 교회 성장에 임했던 결과였다. 더욱이 백만 명 구령운동은 다 하나님께서 준비해 두었던 하나의 하나님의 섭리였다. 만일 기독교의 교세가 약했다면 이러한 운동을 해내지 못했을 것이다.

비록 독립을 이루어 내지는 못했지만 그 동안 악독하게 헌병경찰 정책을 폈던 일제 하세가와 총독은 본국으로 소환되었으며 그 후임으로 사이토 총독이 부임하면서 문화정치로 변모하게 되었다. 그 동안 교회를 설립하려면 허가제였던 것이 신고제로 바뀌었다. 그 대신 "교회에서 안녕 질서를 문란하게 할 우려가 있다고 인정될 경우에는 그 사용의 정지나 금지를 명령할 수 있다."는 규정을 삽입하여 교회가 독립운동에 참여하지 못하도록 막아 놓았다. 또한 '사립학교규칙'을 개정하여 미션 스쿨에서의 성경교육을 인정하였다. 그러나 표면상 완화된 것처럼 보이지만 기독교에 대한 탄압은 포기하지 않고 교회는 철저하게 감시의 대상이 되었다. 일본과 중국의 철저한 탄압으로 일부 독립운동가들은 러시아의 영토인 블라디보스토크로 이동하고 그 곳에서 신한촌을 건설하여 독립운동의 본부를 설치하고 북간도 지방과 서로 협력하면서 지속적으로 독립운동을 전개하였다.

3. 신사참배 반대운동과 저항운동

1) 신사참배 반대운동

일제는 1931년에 만주사변을 일으키고 아시아에서 구미세력을 축출하고 아시아인이 아시아를 지켜야 한다면서 대동아 공영권을 부르짖었다. 1937년 7월 7일 일제는 중·일전쟁을 일으키고 한국교회로 하여금 이 전쟁에 협력하게끔 하였다. 그 수단으로 교회로 하여금 신사참배를 강요하기 시작했다. 먼저 장로교 총회로 하여금 신사참배를 결의하게 하였는데 그 일은 1938년 9월 25일 평양 서문밖교회에서 모인 대한예수교장로회 제28회 총회에서 신사는 종교가 아니고 국가의식이라는 미명하에 결의하게 하였다. 이때 일제는 사복경찰을 총동원하여 총대로 하여금 결의에 동의하도록 강압적으로 강요하였다.

이날 선교사들은 신사참배는 불법으로 결의했기 때문에 무효라고 하면서 퇴장하였고 사회를 맡았던 총회장 홍택기 목사는 가부를 물을 때 동의만 묻고 '아니오'를 묻지 않았다. 이렇게 신사참배를 결의한 총회는 부총회장의 인솔하에 평양 신사에 가서 신사참배를 하였다. 이후 한국교회는 신사참배는 국가의식이라는 명목하에 신사참배에 임하였다. 다른 한편에서는 신사참배는 우상숭배이므로 신사참배 결의는 있을 수 없는 일이라면서 저항운동을 하였다. 우선 평양 산정현교회 주기철 목사를 중심으로 반대운동이 전개되었다. 일본신사는 일본조상의 위패를 안치해 놓고 신으로 섬기고 있는 것이며, 한국에 설립된 조선신궁을 비롯해서 모든 신궁, 신사는 일본 천조대신(아메데라스오미가미)과 메이지 덴 노위패를 안치해 놓고 있었다.

이 일로 일제는 가혹하게 탄압을 가하기 시작하였으며 신사참배 반대운동을 전개했던 목사 및 신도들을 2천 명이나 형무소에 수감하였으며 이중 50여 명은 형무소에서 순교당하였다. 신사참배를 반대한 교회는 200여 개나 되었다. 한편, 평양에 있는 신사참배를 반대한 일부 교직자들이 일본인 오다나라찌(전영복) 목사를 초청하여 신사참배는 일본의 국가의식인가 또는 기독교인에게 우상숭배인가 하는 강연을 개최했는데 이때 오다나라찌 목사는 신사참배는 우상숭배이므로 반대해야 한다고 주장했다. 이 일로 평양을 중심으로 신사참배 반대운동 주동자들은 힘을 규합하면서 이 운동에 앞장섰다. 신사참배 반대자 명단을 살펴보면 다음과 같다.

* **신사참배 반대자 명단**

1. 장로교

1) 평북 : 고흥봉 김지성 김승룡 김영락 김의홍 김인희 김창인
   김화준 박신근 서정환 심을철 안이숙 양대록 오영은
   이광록 이기선 이병희 장두희 이병규(1945. 8. 3. 사망)
2) 평남 : 김선두 김의창 방계성 송상석 오윤성 오정모 이약신
   이주원 채정민 박관준(1945. 3. 13 사망)
   주기철(1944. 4. 21. 옥사)
3) 황해 : 박경구 이종근
4) 함남 : 신의균 신필균 안승주 위병언 이계실 한복현 한상몽
   한윤몽 한치상 홍종선 홍종현
5) 경북 : 강도롱 이원영 권수도 박순석 이영목
6) 경남 : 강문서 강창주 김두석 김묘년 김야모 김여원 김영숙
   김점룡 박경애 박성근 손명복 염애나 이봉은 이술연
   이찬수 조경우 조수옥 주남선 최덕지 한상동 한영원
   이현속(1944. 옥사)
7) 충북 : 송희용 허성도(1994. 옥사)
8) 충남 : 정태희(1943. 옥사)
9) 전북 : 배은희 김가전 최양서
10) 전남 : 강순명 구피덕 김남수 김상두 김순배 김영갑 김용하
    김원식 김정복 김형모 김형재 나덕환 나옥매 박동환
    박병근 박용희 박창규 방팽동 배은덕 백영흠 선재련
    선춘근 손양원 오동옥 오동환 오석주 오정환 유재학
    이남규 이용선 장현경 정인세 조상학 조용택 황두연
    이우석(1943. 사망) 김창옥(1945. 사망) 박연세(1944. 옥사)
    양용근(1943. 옥사) 이기풍(1942. 병사)
11) 만주 : 계성수 김성심 김신복 김양순 김응필 김택영 김형락
    박명순 박인지 신옥녀 전봉성 전준덕 전최선 정치호
    최용삼 최한기 한수환 김이준(1945. 사망)

　　　　　　안영애(순교)　박의흠(옥사)　김윤섭(1943. 옥사)
2. 감리교 : 신석구　이진우　최한호　강종근(1943. 옥사)
　　　　　　권원호(1944. 옥사)　이영한(옥사)　최인규(1942. 옥사)
3. 성결교 : 김　연(취조중 사망)　박봉진(1944. 사망)
　　　　　　김하석(1939. 사망)　김진봉(순교)
4. 침례교 : 김영관　김용해　김재형　노재천　박기양　박성도　백남조
　　　　　　신성균　이종근　이종덕　장석천　전치규(1944. 옥사)
5. 안식교 : 최태현(출옥 후 사망)

2) 순천지방 저항운동

일제는 태평양 전쟁을 앞두고 1940년 11월 전국에 있는 교역자 300여 명을 예비 검속을 시켰으나 교회의 강력한 반대에 부딪히자 전원 석방시켰으며 그 후 전남 순천지방에 있는 교역자 15명을 구속시킨 사건이 있었다. 순천지방 목사와 장로들은 총회가 신사참배를 결의하자 그 이후에는 총회에 총대파송을 중지하여 이 일로 일제 경찰로부터 감시의 대상이 된 것이었다.

1941년 11월에 일제의 강제에 의해 추방당해 프레스톤 선교사가 순천을 떠날 때 지난날 그와 선교협력을 같이했던 순천지방 목사, 장로들이 떠남을 아쉬워하면서 순천역전에서 전송식을 가졌다. 이때 일본 경찰들은 미국 선교사와 내통했다는 이름하에 전원을 구속시켰다. 그러나 이 일은 순천 중앙교회 박용희 목사의 행동을 감시하고 있던 일제가 이를 빙자해서 신사참배를 반대했다는 이유로 구속 수감한 것이었다. 이와 함께 김순배, 나덕환, 김형모, 김형재, 선재련, 안덕윤, 양용근, 오석주, 김정복, 강병담, 선춘근, 박창규, 임원석, 김상두 등의 목회자들이 구속되었다.

경찰은 즉시 기소하고 광주형무소로 이송시켰으며 검찰은 각각 구형을 1년에서 3년으로 내렸고, 선고에서도 역시 같은 형량을 받게 하였다.

이들은 광주형무소에서 일제의 잔악한 탄압을 받으면서 옥살이를 하였으며 이중 양용근 목사는 가옥한 탄압으로 더 이상 생명을 유지하지 못하고 옥사하고 말았다.

그 외의 목회자들도 형기를 마치고 각기 교회로 돌아갔지만 일제에 의해 목회지를 빼앗기고 낙향하여 일본의 패망을 바라는 기도로써 소일하게 되었다. 이 무렵 전남 목포양동제일교회 박연세 목사도 신사참배를 반대하다가 옥사하였다. 박연세 목사는 "중·일전쟁은 약육강식"이라는 제목으로 설교하다가 일제 경찰에 의해 구속되었다. 그는 재판하는 과정에서 일본 재판관의 "일본 일왕이 높으냐 예수가 높으냐?"라는 질문에 "예수가 더 높다."라고 대답했다. 또 "예수가 재림하면 일왕도 심판을 받느냐 안 받느냐?"는 질문에 그는 분명하게 "예수가 재림하면 일본 일왕도 심판을 받는다."고 말했다. 이것이 화근이 되어 2년 형을 받고 대구형무소로 이감되어 수감생활하던 중에 1944년 2월 감옥에서 순교하였다.

3) 미션 스쿨 폐쇄

한국교회는 일제의 강압에 의해 신사참배를 결의하였지만 선교사들은 이에 반대하였다. 우선 그들은 신사참배를 하면서까지 학교를 운영한다는 것은 일제에 협력한다는 의미가 되므로 자신들이 운영했던 미션 스쿨에 대해 폐쇄령을 내리고 자진 귀국길에 나섰다. 이중 북장로교 선교사들이 세웠던 평양 숭실학교를 비롯하여 신성학교, 숭의여학교, 보성여학교, 또 서울에 있는 경신학교, 정신여학교, 대구에 있는 계성학교, 신명여학교, 또 남장로교에서 운영한 전주 신흥학교, 기전 여학교, 군산 영명학교, 맬본딘 여학교, 목포 영흥학교, 정명여학교, 광주 숭일학교, 수피아여학교, 순천 남녀매산학교 등을 폐쇄하였고 호주 장로교회에서 세운 미션 스쿨도 1939년 1월에 신사참배를 할 수 없음을 결의하고 부산 일신여학교, 마산 창신학교, 의신여학교 등을 폐쇄하였다.

그러나 캐나다 선교부나 감리교회에서는 신사참배는 국가의식이기 때문에 종교와 무관하다면서 교회 및 학교로 하여금 신사참배를 하도록 함으로써 일제에 적극 협력하였다. 이러한 관계로 감리교 미션 스쿨은 폐교하지 않고 해방을 맞이하였다. 그리고 캐나다 선교부에서 설립 운영하던 학교들도 계속 운영되었다.

4) 신학교 폐쇄와 교역자양성

4개 장로교 선교부에서 운영해 오던 평양 장로회신학교는 장로교 총회가 신사참배를 결의하자 곧 신학교를 폐쇄하고 말았다. 단, 재학생들은 통신으로 교육시키고 통신으로 졸업장을 수여하였다. 그 후 1939년 9월 평북 신의주에서 모인 제28회 총회에서는 교역자를 양성하기 위해서 서울 지역에 있는 목회자들이 중심이 되어 서울 승동교회를 임시 교사로 하고 '조선신학원'을 개설하기도 하였다. 그러나 조선신학원을 교역자 양성기관으로 총회가 결의하였지만 일부 총회 내 서북 세력을 이끌고 있던 채필근 목사를 중심으로 신학교 재건준비위원회를 구성하고 조선 총독부로부터 인가를 얻어 1940년 2월 평양에 '평양신학교'를 개교하였다. 이 신학교는 일제에 협력했던 이승길, 김길창, 김관식, 김응순, 채필근 목사들로 구성된 조직체로 초대 교장에 채필근 목사가 취임하여 교역자를 양성하였다.

한편, 조선 총독부의 인가를 얻으려고 준비하던 조선신학원은 기선을 빼앗기고 경기도 학무과로부터 사설학원 허가를 받고 1940년 4월에 조선신학원을 개원하게 되었다. 조선신학원은 서울 승동교회 김대현 장로가 이사장 겸 원장이 되었으며 교수로는 김재준 목사를 비롯하여 김영주, 함태영, 윤인구, 김관식 목사 등이었다. 이 두 학교에서 배출된 목사 후보생은 총회 헌법에 의해 절차를 밟고 목사안수를 받아 일본적 한국교회를 이끌고 갔다. 한편, 장로회신학교가 폐쇄되자 이 학교 교수로 있던 박형룡 박사는 만주 심양으로 피신하여 만주신학교 교수로 있으면서 교역자를 양성하였다.

3. 한국교회의 저항과 민족운동 ◆ 107

한일병탄을 전후하여 전국 각 지역에서 의병운동이 일어났다. 이때 일본 헌병들은 의병들을 체포하여 공동묘지 입구에서 총살시켰다.

3·1운동 당시 서울 동대문에 모였던 군중들 (1919년 3월 1일)

장신대 대학원생들이 수원 제암리 3·1운동 유적지를 탐방하고 있다

1943년 5월 7일 일제의 강압에 의해 조선예수교장로회 총회는 해산됨과 동시에 일본 기독교조선장로교단으로 개편되었다. 새로 선출된 임원과 각 교구 교구장들이 부끄러움 없이 기념촬영을 하였다.

1945년 7월 19일 일제의 강압에 의해 한국에 있는 모든 개신교단은 해산되고 새로 일본기독교조선교단을 창립하였다. 한국에 있는 일본 각 교파 교단의 일본인 목사와 한국 각 교단 목사들의 모습이 보인다.

4. 기독교의 변질과 일본 교단의 출현

1) 기독교의 변질

민족운동의 마지막 보루였던 교회도 일제의 집요한 탄압과 분열, 회유, 공작에 못 이겨 신사참배를 결의하고 일본의 정책에 순응하게 되었다. 신사참배를 결의했던 1938년 5월에 경성기독교연합회라는 일제의 어용단체가 조직되어 이른바 종교보국을 서약하고 그 해 7월에는 이를 확대하여 조선기독교연합회를 결성하였다. 같은 해 9월에는 장로회 총회에서도 신사참배를 일제 강요에 의해서 결의하게 되었으며, 이후 많은 교회들이 신사참배는 일본의 국가의식이라고 주장하면서 참여하였다.

1939년 9월 조선예수교장로회 총회에서는 '국민정신 총동원 조선예수교장로회 연맹'을 결성하고 이른바 일제 국책 수행에 협력할 것을 다짐하였다. 그 해 11월에는 성명과 함께 장로회 지도요강을 발표한 일도 있었다. 그 실천 방안으로 모든 교회로 하여금 주일예배 시작하기 전 신사참배, 궁성요배(일본 동경 일당이 거주하고 있는 궁궐을 향해 경배하는 것), 일장기(히노마루), 황국식민서사, 일본 국가(기미가요) 제창 등 국민의례를 하고 나서 예배드리게 하였으며 여기에 보다 일본화하기 위해서는 교회의 헌법, 교리의식 등을 전반적으로 재검토하여 민족주의적 색채를 배제하고 일본적 기독교로 전환할 것을 개정하였다.

일본적 기독교회란 천황의 명령에 절대로 순종하는 교회를 말한다. 1940년 9월 조선예수교장로회 총회가 해산되고 일본 기독교조선장로교단이 출현하였으며, 감리교회에도 일본 기독교조선매소디스트교단이 출현하였다. 이 외에도 구세군, 성결교, 성공회 등도 일본 각 교단에 예속되었다. 또한 1942년 1월부터 각 교단별로 교파합동추진위원회가 구성되어 활동하였다.

1943년 1월 서울에 있는 새문안 교회에서 각 교단 대표들(장로교 19명, 감리교 9명, 성결교 4명, 일본교회 4명, 구세군 4명)이 모여 조선기독교 합동

준비위원회를 조직하였다. 그러나 감리교와 장로교 대표 일부들이 혁신 교단을 만들어야 한다고 주장함으로써 이 모임은 결렬되고 말았다. 1945년 7월 일제의 강요에 의해 일본 기독교 각 교파 조선 교단들은 일본 기독교조선교단으로 명칭을 바꾸면서 일제에 적극 협력하게 하였다.

2) 일제에 협력했던 교역자들

일본적 기독교에 협력했던 한국의 각 교단 지도자들은 일본 성지를 순회한다는 명목하에 동경에 있는 황거, 야스쿠니 신사, 메이지 신궁, 이세 신궁, 가시하라 신궁, 헤이안 신궁을 순회하면서 참배하였다. 여기에 참여했던 대다수의 지도자들은 일본 일왕의 명령에 절대적으로 순종하면서 신앙생활을 지도했다. 더욱이 1940년 12월 경성부민관(현 서울시 의회)에서 전 조선장로회 신도대회를 결성함과 동시에 국민총력연맹을 결성하였다. 이 날 신도대표로 약 8백여 명이 참가하여 궁성요배, 황국식민서사 제창, 기미가요 등을 부르짖었다. 그리고 다음해 4월에는 전 조선여신도 대회를 소집하고 일본 천황 생일을 축하하는 천장절 봉축식과 함께 연맹여자부를 결성하고 강연회를 가지는 등 부일협력에 적극 동원하였다.

일본기독교적 조선장로교에서는 1941년 8월 전시체제로 돌입하면서 소위 애국기(전투기) 헌납을 결의하고 애국 헌납 기성회를 조성하였다. 이러한 일도 모자라서 쇠붙이가 될 만한 놋그릇, 젓가락, 세숫대야 심지어 요강까지 거두어 갔으며, 한국교회에 유일한 소망의 소식을 알렸던 교회 종까지 자진 헌납하였다. 더욱이 일본 기독교조선장로교단에서는 대동아 전쟁 목적을 완성하기 위해서는 철저하게 협력해야 한다고 주장했으며 징병 의무 및 정신을 높이는 일을 주저없이 하였다.

일왕군을 지원하기 위해서 일왕군에게 편지 및 위문품 보내기 운동을 전개하였고, 일왕군에 조선 청년도 지원할 수 있도록 허락해 준 일에 너무 감사한다면서 서울 승동교회에 모여 감사 예배를 드리기도 하였다.

여기에 목회자들은 솔선수범하여 전시 근로봉사대를 조직하여 일제의 전쟁에 협력하였으며 매월 일정한 금액의 국방헌금을 바치기도 하고 신사참배를 실시할 때마다 일본군의 승리를 기원하기도 하였다. 마지막에는 조선 청년도 일왕군에 지원해야 한다고 강연도 하였으며 스스로 창씨개명을 하면서 전 교인에게 창씨개명할 것을 요구하였다. 1941년 10월 경성교구 내 교역자와 신도 대표 50여 명은 충남 부여신궁 건축을 위해 근로봉사를 하였다. 이것도 모자라 여성 지도자들은 근로정신대(위안부)를 모집하여 한국의 젊은 여성들을 일본 일왕군의 성 노리개감으로 전락시켰다. 근로정신대로 동원된 여성들은 일왕군 최전방인 남양군도, 미얀마 전선 등으로 끌려갔으며 그 인원은 대략 약 8만~20만 명으로 추정되고 있다. 오끼나와에서는 일왕군들이 미군의 공격을 받고 근로정신대의 부끄러운 일을 감추기 위해 모두를 총살시켰다.

신사참배 결의 후, 한국교회는 매년 성지순례라고 하여 일본 동경 황거, 야스쿠니 신사, 메이지 신궁, 이세 신궁, 가시하라 신궁, 교토 헤이안 신궁 등을 차례로 순례하였다. 사진은 일본 나라현에 있는 가시하라 신궁을 참배한 한국교회 목사 일동

일제는 1918년 서울 남산에 조선 신궁 공사를 착수하여 1925년에 완공하였다. 1937년 중일전쟁을 일으키고, 매년 9월 6일을 애국일로 정하여 전 백성으로 하여금 신사에 참배토록 하였다.

3. 한국교회의 저항과 민족운동 ◆ 113

조선 신궁 앞에서 신사참배하는 학생들

일제 말엽에 충남 부여 신궁에서 부역한 한국교회 목사 일동

114 ◆ 한국 기독교의 발자취

일제 말엽 조선 총독부의 인가를 얻어 개교한 평양신학교(교장 채필근 목사)
제 1회 졸업생 일동(1941년)

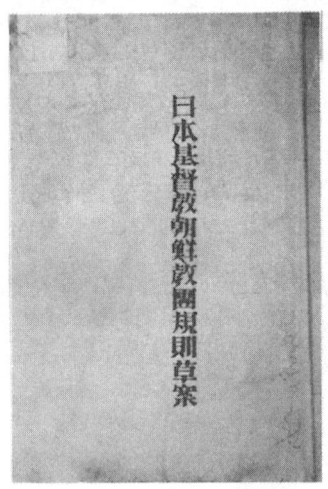
1941년 1월 12일 서울 승동교회에서 각 교단에서 파송된 대표들이 모여 일본 기독교조선교단을 만들기 위해서 교단 규칙초안을 작성하였다.

4장

일제의 패망과 해방

1. 해방과 북한교회의 재건과 수난 • 117
2. 해방과 남한교회의 재건 • 120
3. 각 기관 재건 • 125

4장

일제의 패망과 해방

1. 해방과 북한교회의 재건과 수난

1) 북한교회의 재건

한국교회는 일제의 탄압으로부터 8·15 해방을 만나게 되었다. 해방을 맞은 후 신사참배에 반대함으로 감옥에 갇혀 있다 출옥 한 성도 50여 명은 한상동 목사를 중심으로 주기철 목사가 시무했던 평양 산정현교회에 모여 한국교회 재건 기본원칙을 발표했다. 첫째, 교회의 지도자들은 모두 신사에 참배했으니 권징의 길을 취하여 통회, 정화한 후 교회에 나갈 것 둘째, 권징은 자책 혹은 자수의 방법으로 하되 목사는 최소한 2개월 간 휴직하고 통회, 자복할 것 셋째, 목사와 장로의 휴직 중에는 집사 혹은 평신도가 예배를 인도할 것 넷째, 교회 재건에 기본원칙을 전한(全韓), 전국 각 노회 또는 지 교회에 전달하여 일제히 이것을 실행케 할 것 다섯째, 교육자 양성을 위한 신학교를 복구, 재건할 것

이러한 원칙이 발표되자 그 해 11월 14일 평북노회가 주체가 되어 평북 선천 월곡동 교회에서 해방 감사 및 교역자 퇴수회를 가졌다. 이 모임에는 평북노회 등 6개 노회, 200여 명의 교역자가 모였다. 이 모임에서 이기선 목사는 자신이 경험했던 신사참배 반대에 대한 입장을 이야기했

고 그때 많은 교역자들이 은혜받았다. 이때 박형룡 박사가 교회재건 원칙을 발표하고 있을 때 친일파로서 신사참배를 결의했던 증경 총회장 홍택기 목사는 재건원칙을 반대하고 나섰다. 그 이유는 옥 중에서 고생한 사람이나 교회를 지키기 위하여 신사참배했던 사람의 고생은 마찬가지였으며 교회를 버리고 해외로 도피생활을 했거나 혹은 낙향생활을 한 사람의 수고보다는 교회를 등에 지고 일제의 강압 속에서도 교회를 지킨 일을 높이 평가해야 한다고 공박했던 것이다. 따라서 "신사참배에 대한 죄의 벌칙은 하나님이 하실 일이지 사람이 할 수 있는 일은 아니다."라고 역설했다. 이렇게 해서 퇴수회는 결론을 내리지 못하고 해산하였다.

그 해 12월 초에 이북의 5도(평안북도, 평안남도, 함경남도, 함경북도, 황해도) 16개 노회가 연합하여 이북 5도 연합회를 소집하였다. 해방과 함께 북한에 진주한 소련군은 38선 이북을 점령하였다. 이 일로 남북의 왕래가 금지되고 교회는 더욱 핍박을 받게 되었다. 이러한 환경에 놓여 있던 이북 5도 연합회는 총회를 대행할 수 있도록 임원을 선출하였다. 회장에 김진수 목사를 선출하고 그로 하여금 5도 연합회를 이끌어 갈 수 있도록 하였다. 이때 결의한 몇 가지 내용을 살펴보면 다음과 같다. 첫째, 북한 5도 연합회는 남북통일이 완성될 때까지 총회를 대행할 수 있는 잠정적 협의기관으로 한다. 둘째, 총회의 헌법은 개정 이전의 헌법을 사용하되 남북통일 총회가 열릴 때까지 그대로 둔다. 셋째, 전 교회는 신사참배의 죄과를 통회하고 교역자는 2개월 간 근신한다. 넷째, 신학교는 연합노회 직영으로 한다. 다섯째, 조국의 기독 문화를 목표로 독립기념 전도회를 조직하여 전도교화 운동을 대대적으로 전개한다. 다섯째, 북한교회를 대표하는 사절단을 파송하여 연합국 사령관에게 감사의 뜻을 표하기로 한다.

이상과 같은 결의를 하였지만 이 결의를 시행할 수 없었다. 곧바로 북한 공산당의 실력자 김일성이 소련군의 힘을 얻어 기독교를 탄압하면서 자신의 권력기반을 튼튼하게 만들어 갔기 때문이다.

2) 북한교회의 수난

해방을 맞이한 북한교회는 감격스런 마음으로 교회를 재건하였지만 뜻하지 않은 소련군 진주와 김일성의 등장으로 탄압받기 시작하였다. 그중 신의주에서는 윤하영, 한경직 목사를 비롯하여 몇 명이 기독교 사회민주당을 결성하였지만 역시 탄압을 받았고 1945년 11월 16일 용암포 지역에서도 기독교 사회민주당을 결성하였지만 탄압을 받아 추진하지 못하였다. 이러한 과정에서 기독교 교인 및 학생 5천여 명이 공산당 본부와 인민위원회 본부 등으로 집결하고 퇴각을 요구하는 시위운동을 벌였다. 이때 공산당 당원들과 소련군인들은 무차별하게 학생들을 향해 총격을 가하여 수십 명이 목숨을 잃는 참사가 일어났다. 이때 김화식 목사를 비롯해서 많은 민주인사들이 구속당하였다.

또한 1946년 3월 1일 독립기념일을 맞이해서 평양교역자회에서는 3·1절 기념예배를 평양 장대현 교회에서 드리기로 하였고 공산당측에서는 평양역전에서 기념식을 갖기로 되어 있었다. 장대현교회에서 기념예배를 드리고 있을 때 공산당들이 들이닥쳐 교인 일부를 구타하였으며, 이때 교인들은 신앙의 자유를 부르짖으면서 항의하였다. 또한 공산당들이 주도했던 역전 기념식장에서는 수류탄 투석사건이 발생하여 식장이 난장판이 되었다. 공산당들은 이 수류탄 투석사건은 기독교가 공산당을 방해하기 위해 저지른 일이라고 뒤집어씌우면서 기회가 있는 대로 기독교를 탄압하고 교회 지도자를 영장 없이 구속시켰다. 한편, 공산당을 지지하는 어용 기독교 세력이 대두되면서 북한교회 교역자와 교인들 사이에 싸움이 그칠 날 없이 계속 일어났다. 1946년 11월 3일 주일에 도시군인민위원회 선거를 실시한다고 공포하자 교계에서는 이를 반대하고 나섰다.

이 무렵 공산당들은 강양욱 목사를 중심으로 해서 기독교 어용단체인 조선기독교도연맹을 결성하고 강제로 김익두 목사, 박상순 목사, 김응순 목사를 이에 가입시켰으며 위원장에 박상순 목사를 선출하였다. 조선기독교도연맹은 11월 3일 주일에 실시하는 선거에 대해서 지지하면서 다음과 같이 결의하였다. 첫째, 우리는 김일성 정부를 절대적으로 지지한다. 둘째, 우리는 남한 정권을 인정하지 않는다. 셋째, 교회는 민중의 지도자가 될 것을 공략한다. 넷째, 교회는 선거에 솔선하여 참가하기로 한다.

이러한 일로 인하여 북한교회는 둘로 분열되었고 상호 모략과 중상으로 일반화되어 결국 공산당 지지를 얻었던 조선기독교도연맹은 활기를 띠게 되었다. 반대로 신앙의 자유를 부르짖었던 5도 연합회는 탄압과 숙청당하기 시작하였다. 또한 교역자를 양성하던 평양신학교와 감리교 성화신학교가 있었는데 이 두 신학교가 하나로 통폐합되었다. 당시 평양신학교에는 6백여 명의 신학생이 있었고 성화신학교는 2백 명의 신학생이 공부하고 있었다. 1950년 3월 이 두 신학교는 하나로 통합되고 기독신학교로 개편되었다. 이후 1950년 6월 25일 북한 인민군의 남침으로 인하여 교회와 신학교는 완전히 폐쇄되었고 우익 진영에 속한 모든 교역자는 구속 내지 피비린내 나는 숙청이 단행되었다.

2. 해방과 남한교회의 재건

1) 남한교회 재건과 남부대회

남한은 해방과 함께 신앙의 자유를 얻어 교회 재건에 박차를 가하였다. 1945년 9월 8일 일본 기독교조선교단 장로교 지도자 김관식, 김영주, 송창근 목사 등과 감리교 지도자 변홍규, 이규갑, 박연서 목사 등이 모여 남부대회를 소집하였는데 교단 존속을 지지하는 세력과 반대세력이 맞서면서 감리교 일부 대표들이 옛날 교회의 환원을 주장하면서 퇴장하였다. 이 일로 인하여 하나된 교회 모습이 이루어지지 못하고 감리교를 재건하게 되었다. 1945년 11월 27일 감리교 지도자 일부가 정동제일교회에서 남부대회를 성사시키기 위해서 조선기독교남부대회를 조직하였다. 대회장에 김관식 목사가 선임되었다. 그는 일본 기독교조선교단 통리로 선임되었던 인물이었다. 1946년 1월 17일, 조선기독교 남부대회의 기관지로 「기독교 공모」를 발간하였다.

　1946년 4월 30일 제2회 남부대회가 정동제일교회에서 소집되었으며 이때 대회장에 배은희 목사가 선출되었다. 그러나 대부분의 교파 지도자들이 불참함으로 인하여 남부대회의 의미를 상실케 되자 곧바로 해체되고 말았다. 그러나 1946년 9월 3일에 장로교, 감리교, 성결교, 구세군 등 지도자들이 모여 '조선기독교연합회'를 창설하였다. 회장에 김관식 목사, 총무 임영빈 목사, 간사 엄요섭 목사를 각각 선출함으로 오늘의 한국기독교교회협의회(KNCC, 이하 KNCC로 표기)가 되었다. 이 연합회는 한국 개신교를 대표할 수 있는 기관이 되었으며 1947년 3월 1일 서울운동장에서 3·1절 기념식을 개최하기도 하였다. 또한 4월 부활절에는 서울 남산에서 미군과 함께 부활절 예배를 개최하기도 하였다. 불행하게도 KNCC는 6·25 한국전쟁으로 수난을 만났고 총무였던 남궁혁 목사가 납북되는 비극도 당하였다.

　일제에 의해 강제로 추방당했던 선교사들이 각 선교부를 통해 다시 내한하게 되었으며 이 일로 교파주의의 뿌리는 더욱 깊게 내리기 시작하였고, 6·25 한국전쟁시 미국의 참전으로 많은 목사들이 종군 군목에 임하게 되었다. 이때 미국의 오순절 계통 군목이 내한함으로 이들을 통해서 미국의 오순절 계통의 교회가 서울을 중심으로 각 지방에 설립되었다.

2) 장로교 재건

　조선기독교남부대회가 해체되고 전국의 각 지방노회가 재건됨에 따라 일부 장로교 지도자들은 1946년 6월 12일 서울 승동교회에서 장로회 남부대회를 소집하였다. 남한에 있는 노회 대표들이 모여 총회를 이루었다 하여 '남부대회'라고 하였으며 대회장에 배은희 목사를, 부회장에 함태영 목사를 각각 선출하였다. 이 날 남부대회에서는 다음과 같이 결의하였다. 첫째, 헌법은 남북이 통일될 때까지 개정하지 않고 그대로 사용한다. 둘째, 제27회 총회가 범과한 신사참배 결의는 취소한다. 셋째,

조선신학교를 남부총회 직영신학교로 한다. 넷째, 여자 장로직의 설정 문제는 남북통일 총회시까지 보류한다.

1947년 4월 제2회 남부대회가 대구 제일교회에서 모였을 때 1942년에 일제의 강압으로 해산되었던 대한예수교장로회 제31회 총회를 제33회 총회로 계승할 것을 결의하였다. 이러한 결정이 있기까지는 38도선을 경계하면서 공산당의 정권으로 견딜 수 없었던 대부분의 이북의 교역자들이 월남하기 시작한 것이 큰 힘으로 작용되었다. 이들은 이미 월남했던 목사 3인 이상의 추천인만 있으면 각 지방노회에 가입하여 교역자가 없는 교회나 또는 이북에서 월남한 교인들을 중심으로 개척교회를 설립하는 등 교회 성장에 크게 기여하였다.

3) 감리교 재건

1945년 9월 8일, 새문안교회에 일본 기독교조선교단과 같은 조직체인 '조선기독교단'을 창건하기 위해 각 교단 대표들이 한자리에 모였다. 그러나 감리교 대표 변홍규, 이규갑, 김광우 목사 등은 이 자리에서 감리교를 재건한다면서 퇴장하였다. 이들은 즉시 동대문 감리교회에 모여 감리교재건중앙위원회를 조직하여 이규갑 목사를 위원장으로 선출하고 감리교 재건을 발표하였다. 이들은 3연회를 조직하기로 하고 동부연회에 변홍규, 서부연회에 이윤영, 중부연회에 이규갑 목사 등을 회장으로 선출하여 연회를 구성하였다.

1946년 1월 동대문 감리교회에서 다시 모여 연합연회를 형성하고 감리교회를 재건, 결의하였다. 이에 가입한 교회는 70여 개에 불과하였으며 여기에 서울의 큰 교회들은 가담하지 않았다. 따라서 일제시대에 교권을 남용하고 부역했던 많은 교역자들이 감리교회의 완전 재건을 목표로 회개 없이 연회에 참가함에 따라 감리교회의 순수성을 강조하는 일부 재건파가 또다시 중심이 되어 새로운 교파를 만들게 되어 두 개의 감리교회가 출발하게 되었다. 그러나 1949년에는 연합연회를 개최하면서 단일 감독으로 김유순 목사를 선출함으로써 감리교회도 하나의 조직체를 가지게 되었다.

4) 성결교 재건

1943년 12월에 성결교회는 만일 예수가 재림하게 되면 일본 일황도 심판을 받는 것은 당연하다는 재림사상이 일본 일황제 사상과 어긋난다 하여 일본 경찰에 의해 강제 해산되었다. 성결교회는 강제 해산과 함께 모든 교회당은 군수공장, 경방단(警防團) 사무실로 사용되었다. 이때 교회당을 빼앗긴 많은 성결교회 교인들은 장로교회, 감리교회에 출석하면서 신앙생활을 하였다. 그러나 해방이 되자 교회당을 회수하고 재건운동에 앞장섰다.

1945년 11월에 성결교 총회를 소집하고 총회장에 박현명 목사를 선출하였다. 그리고 즉시 경성신학교를 개교하면서 서울신학교(현 서울신학대학교)로 개명하고 이건 목사가 교장에 취임하였다. 교수로는 이명직, 박현명, 김유연, 김응조, 최석모 목사 등이었다. 이들의 수고로 장차 성결교회를 이끌고 갈 신학생 70여 명이 모여 개교하게 되었다. 이중 일부 신학생 중에는 장로교 출신들도 있었으며 해방 후 얼마 동안은 서울신학교 출신도 장로교에서 목사안수를 받고 장로교회에서 시무한 일도 있었다.

비록 재건은 되었지만 얼마 지나지 않아 한국전쟁이 발발함으로 많은 목회자들이 납북 또는 순교의 길을 걷기도 하였으며 이들은 4중주 복음(재림, 성결, 신유, 신생)을 내세우면서 열심히 전도하여 한국의 대교단으로 발전해 나갔다.

5) 침례교 재건

역시 침례교회도 성결교회와 함께 해산되었던 교단이다. 일제 말엽에 강제로 해산될 때에 목사 34명이 투옥되었으며, 1944년 5월 일제에 의해 강제로 해산당하였다. 해방이 되자 동아기독교회란 명칭을 침례교회로 바꾸고 김용해, 백남조, 노재천, 신성균 목사 등이 주동이 되어 1946

년 9월 충남 강경에서 제36회 총회를 소집하고 교단을 재건하게 되었다. 1947년 9월 경북 예천에서 모인 총회에서는 미국 남침례교회와 유대를 가지기도 하였다. 1949년 9월 충남 강경에서 모인 제39회 총회에서 교단 명칭을 동아기독교회에서 '침례교회'로 바꾸고 교단 공식 명칭을 '기독교대한침례회'라고 하였다.

침례교 제도는 회중제도이지만 장로교와 다른 점은 세례를 침례로 대치하고 있으며 장로제도는 없다는 점이다. 그런데 요즘 일부 지방에서는 장로교의 제도처럼 장로제도를 도입하여 장로를 세우는 교회가 있지만 아직은 교단적으로 인정받지 못하고 있다. 한편, 교역자를 양성하기 위해서 대전에 침례회신학대학교를 설립하여 많은 교역자들을 양성하였으며, 안성에도 수도침례신학교가 있어서 지방 신학교로 교역자 양성에 많은 공헌을 하였다.

6) 구세군 재건

일제의 강압에 의해 구세단으로 바뀌었던 구세군은 해방이 되던 1945년 10월에 전국에 흩어져 있던 사관과 지방관들이 회집하여 구세단을 구세군으로 환원하였다. 그 후 1947년 8월에 구세군 사관과 지방관들이 모여 황종율 정령을 서기관장으로 임명하였다. 이로써 일제 말엽에 해산되었던 구세군이 재건되면서 구세군의 사업을 전개해 갔다. 우선 구세군사관학교를 개교하였으며 사관후보생들을 선발하여 교역자 양성에 힘을 쏟기도 하였다. 1948년에는 영국인 로드가 내한하여 한국 구세군 사령관으로 취임하였다. 그러나 한국전쟁으로 미처 피난하지 못했던 로드 사령관은 인민군에 의해 납북되는 비극도 만나게 되었다.

한국전쟁을 겪으면서 다시 많은 수난을 당하였지만 구세군의 본래 사업인 고아원 사업, 후생학원 사업, 모자원, 구세병원 운영으로 많은 사람들에게 도움을 주었다. 지금도 매년 12월 초가 되면 거리에 자선냄비가 등장하고 있고 모금된 금액을 갖고 전국에 흩어져 있는 많은 시설에 보조하는 등 활발한 구제사업을 하고 있다. 또한 이에 못지않게 전국에 흩어져 있는 구세군 교회를 중심해서 교회성장에도 크게 기여하고 있다.

3. 각 기관 재건

1) 주일학교 재건

일제 말엽, 일제의 탄압으로 해산되었던 주일학교는 해방과 함께 각 교회마다 재건되었다. 이와 함께 장로회 각 지방노회가 재건되면서 총회 종교교육부 소속으로 면려회 운동과 함께 조직체를 갖고 각 주일학교마다 유년부, 장년부로 나누어서 성경공부가 실시되었다. 장년부 주일학교는 오전 11시 예배 1시간 전에 교사를 중심으로 교육이 진행되었고 유년부는 오후 2시에 실시되었다.

또한 전국 주일학교를 지도해 왔던 조선주일학교연합회는 1948년에 대한기독교교육협회로 명칭을 바꾸었다. 다시 국제기독교육협의회와 유대를 갖고 「세계통일공과」를 출판하여 보급하게 되면서 해산 이전의 체제로 환원되었다. 장로교 총회 내에 있던 총회 종교교육부도 함께 부활되어 지도자 양성과 성경통신과를 운영하면서 주일학교 교사양성에 힘을 쏟았다. 다시 1950년 6·25를 거치면서 주일공과를 제작 공급하였다. 1965년 총회 규칙개정에 따라 종교교육부를 오늘의 '교육부'로 만들고 면려청년운동도 교육부에 소속되었다. 이로써 장로교 총회교육부는 기장과 합동측과의 분열을 거듭하면서도 교회학교 운동에 있어 흔들림 없이 교회학교 교재 개발과 함께 교회학교 유년부 전국연합회를 지도 육성해 왔다. 1972년에 「성서와 생활」이란 교육과정을 개발하여 교육에 임하였고 1974년에는 중등부, 고등부 교재를 개발하여 사용하면서 교회학교 중·고등부 연합회를 조직하였다. 그리고 1977년에는 아동부의 급격한 증가로 「말씀과 삶」이란 교재를 계단공과로 편성하여 편집하였다. 그리고 2001년도에 "하나님의 나라 : 부르심과 응답"이라는 주제로 교육

목회 시리즈로 새교재를 개발하여 전국 교회가 사용하게 되었다.

매년 실시되는 여름성경학교를 위해서 교회학교연합회 주최로 교사 강습회를 실시하고 있으며 교회학교 교사의 질을 높이기 위해서 노회 연합 단위나 총회교육부 주관으로 노회 강습회를 인도할 지도자 세미나와 교사양성반, 교사 대학반을 지도 운영할 교육지도자(주로 목회자) 세미나를 운영하면서 개교회 교회학교를 더욱 알차게 만들어 가고 있다.

2) 면려회 운동 재건과 남선교회 운동

일제 말엽에 해산된 면려회(Young peoples Socity of Christian Endeavor, 약칭 CE이라고 불렀다.) 운동도 해방과 함께 재건되었다. 이 면려회 운동은 미국 회중교회 크락크(F. E. Clark) 목사에 의해서 조직되었는데 한국에서는 1921년 2월 경북 안동지방에서 선교사로 활동하던 엔더슨(W. J. Anderson, 안대선)에 의해 처음 조직되었다. 총회에서는 이 운동이 교회 봉사에 좋은 기관으로 인정한 후 총회의 결의로 1924년 12월 4일 전국 조직을 하였다. 이 면려회는 개교회에서 활발하게 진행되어 교회 헌신에 힘을 썼다. 일제의 탄압으로 해산되었지만 1945년 해방과 함께 재건되었다.

1949년 4월 대전 제일교회에서 재건준비위원회를 조직하고 그 해 7월 서울 새문안교회에서 재건 총회를 개회하였다. 이렇게 재건된 면려회는 1949년 4월 17일 남산신궁 자리에서 촛불 부활절 전야제를 갖기도 하였다. 그러나 면려회는 예장 총회교육부의 지도를 받으면서 활동하다 1957년에 면려회 운동은 3개로 분립되어 장년면려회, 청년면려회, 학생면려회 등으로 분할 운영되었다. 그 후 장년면려회는 1965년 평신도회로 개칭되었다가 1979년 남선교회로 바뀌어서 오늘에 이르게 되었다.

한편, 면려회는 1959년에 합동측과의 분열로 둘로 분립되었다. 통합측 총회교육부에서는 장로교 청년운동으로 정착시킨다면서 청년회로 개편조직하게 되어 오늘에 이르게 되었고, 학생면려회는 교회학교 중·고등부로 개편되었다. 그러나 예장 합동측은 지금도 이 면려회란 명칭

1925년 서울에서 개최된 제2회 조선주일학교 대회광경. 제1회는 1921년 10월 2일~9일까지 회원 897명이 참가하였으며 대회장은 남궁혁 박사, 총무는 방위량 선교사였다.

해방 후 서울시 주일학교연합회 주최 교사강습회 회원 일동 (1947년 4월 21일-26일)

호주 장로교 선교부가 운영했던 경남성경학원은 많은 목회자를 양성하였다(1938년 2월 10일).

일제 말엽에 폐교된 대구고등성경학교가 재건되어 농어촌 청소년들의 꿈의 요람지가 되었다.

목포고등성경학교 제1회 졸업생과 교사 일동(1949년 6월 7일)

을 갖고 계속 이 운동을 이어가고 있다.

3) 여전도회 재건

여전도회는 총회의 신사참배 결의로 여전도회 대회가 개최되면 신사참배 강요를 당할까봐 아예 지하로 숨어 버리고 말았다. 그러나 해방과 함께 여전도회도 재활동을 하게 되어 1946년 6월 서울 연동교회에서 제14회 전국대회를 개최하였다. 이 여전도회는 1898년 평양 장대현교회에서 여신도를 중심으로 여전도회가 조직되었다. 1908년에 평양 여전도회 연합회가 조직되면서 제주도에 이선광 여전도사 파송을 구심점으로 하여 각 지방별로 여전도회를 조직하였다. 1926년에 한가자 선교사는 만주지역을 맡아 사역에 임하면서 인접해 있는 시베리아까지 다니면서 선교에 힘을 쏟았다. 이처럼 각 지방 여전도회가 조직되자 1928년 9월 전국 여전도회연합회를 조직하고 그 힘으로 해외선교에 힘을 쏟기도 하였다. 1930년 9월 제3회 전국대회에서는 중국 산동성에 김순호 전도사를 선교사로 파송하였다.

여전도회에는 선교 못지않게 항일운동에도 힘을 기울여 국채보상운동, 송죽회, 신사참배 반대운동 등에 적극적으로 참여한 여성 지도자들이 많이 있었다. 예로 1940년 경남여전도회 연합회의 회장 최덕지 전도사가 신사참배 반대를 결의하였으며, 만주지방에서도 김양순 전도사 등이 반대운동에 앞장섰다. 전남지방에서도 나옥매 전도사가 반대운동에 참여하여 각각 옥고를 치른 일도 있었다.

해방과 함께 재건하였으나 불행하게도 장로교 분열로 고신, 기장, 합동, 통합으로 이어지면서 오늘에 이르게 되었다. 특별히 1987년 서울 종로구 연지동에 여전도회관을 건축하여 여성운동의 요람지와 본거지로 만들었다. 여전도회는 해외선교에 역점을 두고 있다. 또한 1994년 오랜 숙원사업이었던 여성안수 문제가 예장 통합측 총회에서 결의되어 여성의 지위가 확고한 자리에 놓여지게 되었다.

1924년 12월 4일 서울피어선 성경학교 강당에서 창립총회를 갖다.
회장에 박현식, 총무 안대선

1977년 여전도회 전국연합회 희년기념 총회

5장

장로교 분열과 6·25 한국전쟁

1. 장로교 분열 • 133
2. 기타 교파 분열 • 143
3. 6·25 한국전쟁과 한국교회의 수난 • 147

5장
장로교 분열과 6·25 한국전쟁

1. 장로교 분열

1) 재건파

1945년 해방과 함께 신사참배에 반대해 투옥되었다가 출옥한 일부 성도들이 신사참배를 했던 목사와 기성교회에는 구원이 없다고 비판하면서 자신들이 따로 교회를 설립하고 '재건파'라고 불렀다. 이 재건파의 주도적인 역할을 담당했던 이기선 목사는 출옥 성도로서 평북지방 여러 곳을 다니면서 혼자서 30여 개의 교회를 새로 개척하고 1949년 5월에 재건교회라는 간판을 내걸고 단독 교회를 출발시켰다. 이 재건파는 기성교회를 이단시하면서 정죄하고 나섰다. 이 일이 오늘의 장로교 분열의 시초가 되었다.

2) 고려파

출옥 성도 중 한상동 목사는 평양 산정현교회에서 목회를 하다가 모친의 사망 소식을 듣고 부산으로 내려갔지만 38선의 감시가 심하여 월북하지 못하고 부산에 주저앉게 되었다. 그는 한국의 신학이 자유주의에 물들었기 때문에 한국 장로교회를 재건하기 위해서는 새 신학교를 설립해야 한다고 주장하면서 만주 심양에 있는 만주신학교 교수인 박윤선 목사와 출옥 성도 출신인 주남선 목사의 신학교 설립의 동의를 얻고 마침내 경남 진해에서 적산가옥 하나를 얻어 개척교회를 하고 있던 강주선 목사의 교회를 임시 신학교 교사로 사용하였다.

  1946년 5월 20일 한상동, 박윤선, 주남선 목사 등이 진해에 모여 신학교 설립 기성회를 조직하고 그 해 6월 박윤선 목사의 인도로 제1회 하기 신학강좌를 개설하였다. 그 해 7월 말에는 경남교회 임시노회가 모여 고려신학교 설립건에 대한 한상동 목사의 취지와 경과 보고를 듣고 신학교를 설립하기로 결의하였다. 그리고 그 해 9월 부산시 좌천동에 위치한 일신여학교 교사를 빌려 고려신학교를 개교하였다. 이사장에 한상동, 교장에 박윤선, 교수에 박윤선, 한상동, 한동명 목사가 취임하였고 헌트 선교사가 이에 가담하였다. 헌트 선교사는 미국 독립 장로교회 소속으로 이적하고 고려신학교 설립에 힘을 기울였다.

  같은 해 12월 제48회 경남노회 결의에서 고려신학교 인준은 총회가 하는 것이므로 노회가 할 수 없다고 선언하고 신학생 추천을 모두 취소한다고 선언하였다. 이때 한상동 목사는 노회 결의에 항거하고 노회에서 퇴장하였다. 한상동 목사는 퇴장 즉시 고려신학교를 총회적으로 인준을 받으려면 만주신학교 교수였던 박형룡 박사를 고려신학교 교장으로 초청하여 한국의 보수신학의 보루가 되어야 한다고 주장하였다. 이로써 고려신학교를 중심으로 고려파가 형성되었다. 그러나 박형룡 박사는 신학교 운영진과의 의견 충돌로 일부 학생과 함께 서울로 상경하여 장로회신학교를 설립하였다.

  이후 고려신학교는 부산을 중심으로 형성된 또 하나의 교파인 고려파가 분열해 나감으로 교파의 확장을 위해 교회의 교역자 양성에 힘을 쏟았고 후에 교육부로부터 고신대학이란 종합대학으로 승인받아 개편하였으며 1998년에는 고신대 신학대학원 캠퍼스를 천안에 마련하였다. 한편, 가장 보수 정통이라고 부르짖던 고려파도 교권에 휘말리어 고신파,

고려파, 반고소 등의 교파로 나누어졌다.

3) 기장과 예장의 분립

일제 말엽에 서울 승동교회에서 설립된 조선신학원은 해방이 되자 함태영, 김종대, 한경직, 송창근 목사를 중심으로 당시 미군정 관재국장으로 재직하던 남궁혁 박사의 협력을 얻어 서울 동자동의 일본 천리교 한국 본부 건물을 인수하고 조선신학원을 그 곳으로 이전함과 동시에 정부인가를 얻어 한국신학대학으로 운영하였다. 초대학장에 송창근 목사, 교수는 김재준, 윤인구, 한경직 목사 등이었다.

1947년 봄 김재준 목사의 신학방법론으로 인하여 보수와 진보로 나누어지면서 보수계열 학생 51명이 성명서를 발표하고 총회에 진정서를 제출하였다. 이 진정서를 받은 총회는 1953년 4월 대구 서문교회에서 모인 제38회 총회에서 다음과 같이 조선신학원을 규제하고 나섰다. 첫째, 한국신학대학 졸업생들에게는 일체 교역자 자격을 부여하지 않는다. 둘째, 한국신학대학 교수 김재준 목사에게서 목사직을 박탈하고 그의 소속 노회인 경기노회에 제명을 지시하여 이를 선포케 한다. 셋째, 제36회 총회시 성경축자 영감설을 부정한 한국신학대학 교수요, 캐나다인 스코트 목사를 심사하여 해당 노회에 명하여 처단케 한다. 넷째, 각 노회에서 위 두 교수의 사상을 옹호, 지지, 선전하는 자는 해당 노회에서 처벌한다는 등이었다.

이와 같은 강력한 총회의 결의에 반대하고 진보주의의 입장에 선 일부 총대원들은 별도의 대책을 간구하고 있었다. 1953년 6월 김재준 목사를 지지하는 일부 세력들이 서울 동자동 한국신학대학 강당에 모여 분열이 아닌 갱신을 부르짖으면서 대한기독교장로회 총회를 조직하였다. 초대 총회장으로 전북노회 대표였던 김세렬 목사가 선임되었다. 여기에 참여한 대부분의 노회는 호남지방의 전북, 군산, 김제, 목포, 제주노회였으며 영남지방의 경서, 경북노회였다. 충청지방은 충남, 충북노회였으며 여기에 경기노회도 일부 참여하였다. 그리고 캐나다연합교회 선교부가 합세하여 외국과의 관계를 맺게 되었고 각 지역에 있는 교회마다 보수와 진보로 나누어지면서 적지 않은 교파분열로 한국교회가 시련을 만나게 되었고 한국의 장로교회는 세 번째 분열을 겪게 되었다. 그 후 대한기독교장로회는 한국기독교장로회(The Presbyterian Church in Republic of Korea)로 명칭을 바꾸고 흔히 약자로 '기장'이라고 부르게 되었다.

한편, 부산으로 내려간 박형룡 박사는 고려신학교 운영진과 마찰이 자주 일어나자 더 이상 머물지 못하고 상경하여 조선신학교와 대치할 수 있는 보수신학교를 설립해야 한다면서 1948년 5월 임시교사로 서울 남산공원에 있는 조선신궁 자리에 장로회신학교를 설립하였다. 이 신학교는 박형룡 박사를 따라 부산에서 상경한 일부 고려신학교 학생, 조선신학교에서 나온 51명의 신학생, 평양신학교에 재학하다가 월남한 신학생들을 중심으로 학교문을 열었다. 이때 교장으로는 박형룡 박사였으며, 교수로는 권연호, 김선두, 계일승, 김현정 목사가 주축이 되었다.

이때 신학교는 예과 3년제 본과 별과 3년제 과정이었다. 그리고 장로회신학교가 문을 연 지 얼마 안 된 그 해 7월에 첫 졸업생을 배출하였다. 이들은 이미 평양 고려신학교, 조선신학교에서 별과, 본과 3년의 과정을 이수했기에 졸업식을 거행하게 된 것이다.

이후 장로회신학교와 조선신학교에서 졸업생이 배출되자 1949년 4월 제35회 총회에서 조선신학교 출신 총대들의 끈질긴 반대에도 불구하고 장로회신학교는 총회 직영신학교로 인준을 받았다. 이 일로 총회 안에 두 신학교가 존립 운영됨으로 총회 내에서는 여간 불편한 관계가 아니었다. 그래서 장로회신학교를 지지하는 세력들은 조선신학교를 총회 직영신학교에서 취소할 것을 주장하여 두 신학교는 교단 내에 갈등만 증폭되게 만들었다. 이러한 갈등을 해소하기 위해서 총회 내에 두 신학교 합동위원회를 설치하였다. 합동위원회에서는 다음과 같이 결의하였다. 첫째, 양신학교는 무조건 합동하고 중요과목은 선교사가 맡고, 나머지는 한인교수가 맡는다. 둘째, 양신학교의 교수 및 직원은 백지로 하고 합동된 신학교의 교장과 교수는 합동 이사회에서 선택한다.

그런데 불행하게도 한국전쟁으로 이 일은 추진되지 못하다가 1951년 5월 임시 수도 부산에서 모이는 제36회 총회 속회에서 두 신학교를 취소하고 총회 직영신학교를 신설하기로 하였다. 이 결의에 따라 1951년 9월 피난지 대구에 '총회신학교'를 세우고 교장에 선교사 감부열(A. Campbell), 교수에 박형룡, 한경직, 명신홍, 김치선, 계일승 목사가 선출되었으며 선교사로는 감부열, 권세열(F. Kinsler) 등이 참여하였다. 이렇게 출발한 총회신학교는 곧 수업이 시작되면서 장로회신학교 재학생과 조선신학교 학생 일부, 고려신학교 학생 일부가 총회신학교에 편입학하면서 신학 수업에 열중하였다. 그런데 교장직을 맡았던 감부열이 곧 안식년을 맞이하여 귀국하게 되자 그 후임으로 박형룡 박사가 맡아 학교를 운영하였다.

이러한 과정에서 장로교 분열은 가속을 가하면서 끝내 건널 수 없는 강을 건너고 말았다. 기장은 세계 교회 운동에 앞장서면서 한국교회를 세계에 알리는 일에 힘을 기울이게 되었다. 대구에서 개교하게 된 총회신학교는 총회에서 직영한다는 뜻에서 '총회신학교'라는 이름을 갖게 되었다. 그 후 임시 수도가 서울로 환도되자 1954년 4월 총회신학교는 옛날 남산공원 조선신궁터로 이전을 하고 예과 1, 2학년생 수업을 계속하게 되었다. 이때 학제는 예과 2년, 본과 3년, 별과 3년으로 하였다. 예과는 고등학교 졸업생으로서 입학해 2년간 교양과정을 이수하면 본과에 진학할 수 있었다. 이때 일반 학부를 졸업한 지원자는 본과 1학년에 입학하여 3년 수업을 받았다. 별과는 교역을 오래한 전도사나 장로 중에 입학하여 3년 과정을 이수하면 목사가 될 수 있는 자격을 얻었다. 다시 전교생이 서울로 이전하자 1955년 4월 총회신학교를 '장로회신학교'로 명칭을 변경하였다.

한편, 조선신학교는 1951년 3월 한국신학대학으로 정부인가를 받고 4년제로 학부 운영을 하였다. 4년 과정을 이수하게 되면 기장 총회에 속한 노회에서 목사안수를 받고 사역에 임하게 되었으며, 그 후 한국신학대학은 수유리 캠퍼스로 이전하였다가 다시 경기도 오산으로 캠퍼스를 확장하면서 종합대학인 한신대학교로 발전하게 되었다. 수유리 캠퍼스는 한신대 신학대학원으로 운영하면서 목회자를 양성하고 있다.

4) 예장 통합과 합동 분립

해방과 한국전쟁을 거치는 동안 일어난 장로교의 분열은 한국교회사에 있어 가슴 아픈 일이었다. 여기에 또다시 합동측과 통합측이 분열되어 한국 사회의 본이 되지 못하고 오히려 비성서적인 역사를 만들어 가고 말았다. 환도와 함께 대구에서 서울로 이전해 온 장로회신학교는 일제시 남산에 있던 조선신궁터로는 캠퍼스가 너무나 부족하였다. 장로회신학교를 한국교회의 보수신학의 요람지로 만들기 위한 교장으로 임명을 받은 박형룡 박사의 의욕은 넓은 캠퍼스를 필요로 하였다. 그때 때마침 평양에 있던 숭의여자중·고등학교가 남산공원 국유지 일부를 불하받아 학교를 크게 확장했다는 소식을 접하였다. 그래서 이 학교 부지 확보에 공이 많았던 브로커를 만난 박형룡 박사는 남산공원 국유지를 캠퍼스 부지로 불하받게 해 달라고 그 브로커에게 3천만 환을 건네 주었다. 브로커는 남산공원을 불하받아 신학교를 건축할 수 있도록 허가를 받아 주겠다고 몇 번이고 장담하였지만 결국 이 일은 사기극으로 끝나고 돈만 낭비하고 말았다.

이러한 사기극에 말려든 박형룡 교장은 설 자리를 잃게 되었다. 그러나 일부 그를 지지한 세력들은 그가 학자이기 때문에 그의 잘못을 용서해 주자는 쪽으로 기울면서 한 푼도 변상받지 않고 1958년 3월 이사회에서 그의 사임을 수리하고 그 대신 노진현 목사를 교장 서리로 임명하였다. 그러나 결국 이 3천만 환 사건은 그의 사임으로 마무리되지 않고 총회로 옮겨 갔다. 이 문제가 총회에서 다시 거론되었기 때문에 각 지방 노회마다 자파 총대 확보에 안간힘을 기울였다.

5. 장로교 분열과 6·25 한국전쟁 ◆ 139

조선신학원은 해방 후에 적산가옥이었던 일본 천리교 경성교구 본부 건물을 접수하고 그 건물로 이전하였다. 1947년 4월 신학방법 논쟁으로 신학생 51명이 총회에 진정서를 제출하고 문제의 교수를 퇴진시키도록 요구하였다. 이러한 요구가 관철되지 않자 박형룡 박사는 1948년 5월 보수계열 신학생들을 중심으로 장로회 신학교를 설립하였다.

조선신학원은 곧 조선신학교로 개명하고 그 해 봄날 전교생이 야외 기념예배에 임하였다 (1948년 5월 21일).

김재준 교수의 신신학 문제로 1947년 51명의 학생들이 총회에 진정서를 제출하는 등 심각한 문제가 대두되었다. 이때 고려신학 교장직을 사임하고 상경한 박형룡 박사를 따라 일부 학생과 월남한 평양신학교 신학생, 조선신학교에서 이탈한 51명의 학생들이 합세하여 남산 신궁자리에서 수업을 받았다. 이 사진은 1949년 제2회 졸업생들의 모습이다. 왼쪽 앞줄에서 김양선, 도양술, 강신명, 권세열, 박형룡, 유호준, 박창환, 황선이 목사의 얼굴이 보인다.

남산에 위치하고 있던 장로회신학교의 마지막 경건회 시간에 신학생들이 기도를 하고 있다. 이 경건회를 마지막으로 각기 돌아서고 말았다. 그 후 통합측은 장로회신학대학교라는 이름으로, 합동측은 총신대학교라는 교명으로 각기 발전해 갔다. 그 후 여러 번 재결합을 시도했지만 그 일은 끝내 무산되고 말았다.

이 일로 1959년 5월 경기노회에서 총대를 선출하였다. 박형룡 박사를 지지하는 주요 세력들은 복음주의협회(NAE, 이하 NAE로 표기) 회원들이었다. 그런데 이들은 부정한 방법을 써서 반대측인 에큐메니칼측보다 더 많은 수의 총대가 선출되었다. 이에 책임을 지고 이환수 노회장과 서재신 서기는 사임을 하였다. 이 일로 부회장인 강신명 목사가 임시노회를 소집하고 다시 총대를 선출하였는데 박형룡 박사 지지세력들은 목사 1인, 장로 1인밖에 선출되지 않았고, 에큐메니칼 세력들이 절대 다수가 되었다.

세가 불리했던 NAE측 이환수 목사는 자신이 노회장이라고 주장하며 총회 서기부에 총대 등록을 하였다. 따라서 에큐메니칼 강신명 목사측도 총회 서기부에 총대 명단을 제출하였다. 드디어 1959년 9월 제44회 정기총회가 대전중앙교회에서 노진현 목사의 사회로 개회되었다. 그러나 경기노회 총대 문제로 파행이 일기 시작하였다. 총회 서기부는 두 개의 경기노회 총대 명단을 놓고 총회로 하여금 해결해 달라고 하자 총회에서는 양측의 입장을 다 청취한 후 투표에 임하였다. 이때 투표 결과는 임시노회에서 선출된 총대를 인정하고 회의를 진행하였다. 그러나 그 다음날 NAE측인 이환수 목사는 다시 총대 문제를 제기하면서 총회장 분위기를 험악하게 몰아갔다. 이때 NAE측에 속한 박희몽 총대가 "에큐메니칼은 용공이며, 신신학이며, 단일교회 운동이다!"라고 외치는 소리와 함께 총회는 험악한 소리가 난무하게 되었고 끝내 아수라장으로 변하고 말았다.

이때 에큐메니칼 지지세력 총대들은 그 길로 상경하여 서울 연동교회에서 제44회 총회를 속회하고 총회장에 이창규 목사, 부회장에 김석진 목사를 각각 선출하였고 또한 NAE측에 속한 총대들도 그 해 11월 서울 승동교회에서 제44회 총회를 속회하고 총회장에 양화석 목사, 부회장에 나덕환 목사를 각각 선출하였다. 이렇게 하여 에큐메니칼측을 통합측이라 부르게 되었으며 NAE측을 합동측이라 부르면서 오늘에까지 이르게 되었다. 이후 통합측에서는 합동 조건으로 WCC를 탈퇴까지 하였지만 이 일이 성사되지 않자 다시 가입하고 에큐메니칼 운동에 힘을 기울였다. 교단분열로 각 지역과 교회마다 분쟁이 일어나는 등 비극이 일어났다.

그러나 1995년 1월 예장 분열 사상 처음으로 통합측 신년 하례식에 합동측 총회장 김덕신 목사가 출석하여 축사를 한 기적의 역사가 있었다. 이후 매년 양쪽 총회 임원들이 오고 가면서 교류를 나누고 있다.

교단 분열로 남산에 위치하고 있던 장로회신학교도 둘로 분립될 수밖에 없는 환경에 놓였다. 통합측은 신학교 이사회에서 계일승 박사를 교장으로 임명하고 교사가 준비될 때까지 신설동에 소재하고 있는 대광고등학교 교실 몇 칸을 빌려서 임시로 사용하였다. 그 후 1960년 12월에 광나루에 교사가 완성되자 그 다음해인 1961년 2월에 교육부로부터 장로회신학대학 인가를 얻어 통합측 교역자를 양성하게 되었다. 초대 학장에 계일승 박사가 선임되었으며 교수로는 계일승, 김윤국, 도양술, 김규당, 배재민, 박창환 목사와 권세열, 서의필(J. N. Somerville), 마삼락(S. H. Moffett) 선교사 등이었다. 이들의 수고로 1961년 12월 광나루에서 첫 졸업생이 배출되었다.

한편, 남산에서 헤어진 합동측은 임시 교사로 대한신학교를 사용하다가 용산역전에 위치한 4층 빌딩을 구입하고 그 곳에서 5년 간 총회신학교의 이름을 갖고 교역자 양성에 임하였다. 그리고 1964년 4월 시내 관악구 사당동에 교사를 신축하고 교육부로부터 총신대학이란 이름으로 인가를 얻었다. 다시 이 총신대학을 종합대학으로 승격시켰고 총신대학 신학대학원은 경기도 용인 양지로 옮기어 교역자 양성에 힘을 기울이고 있다.

이후 총신대학은 합동측 직영신학교로서 그 본분에 성실하게 교육에 임하였으나 다시 교권에 휘말리면서 합동측은 주류, 비주류로 나누어졌다. 이 일로 주류는 합동측의 역사를 그대로 이어갔으나 비주류측은 개혁측이라 하여 분리되면서 사분오열로 나누어지는 등 많은 교파가 발생하는 비극을 낳았다. 모든 교파들이 자칭 정통보수라고 부르짖으면서 행동했기에 누가 진짜 정통보수인지 알 수가 없었다. 이러한 일에 통감한 개혁측에서는 1998년 9월 대한예수교장로회 개혁측 제83회 총회를 통해 합동측에서 분열해 나온 9개 교단을 하나로 통합하는 운동이 전개되었다. 1999년 9월 전주에서 모인 제84회 총회에서 9개 교단 대표들이 모여 하나의 총회로 개회되면서 한국에서 3번째로 큰 교단이 형성되었다. 이때 많은 언론기관에서 새로운 교회일치운동이라고 하면서 적극적으로 홍보하였다. 개혁측도 총신대학교 신대원에서 분립 운영하여 개혁신학연구원으로 명칭을 바꾸고 과거 평양 장로회신학교의 역사와 전통을 이어 가면서 교역자를 양성해 오다가 충북 음성에 개혁신학교를 신축하고 1993년 정부로부터 인가받았다.

그러나 아직도 대한예수교장로회의 명칭을 사용하는 교단이 문화관광부에 등록되어 있는 교단만도 50개가 넘으며 등록되지 않은 교단만도 50개가 넘는다.

2. 기타 교파 분열

원래 성결교회도 KNCC에 가입한 교단이었으며, 다른 연합기관에도 다함께 참여하였다. 그러나 1960년 NAE측에 가입했던 일부 교계 인사들은 WCC운동을 용공, 신신학이라는 등 KNCC에 대해서 공격을 가하고 나섰다. 이 일로 성결교회는 기독교대한성결교회(이하 기성으로 표기)와 예수교대한성결교회(이하 예성으로 표기)로 각각 분립되었다. 그 후 기성이 KNCC를 탈퇴하였지만 여전히 공격의 대상이 되었다. 그러나 일부 목회자와 교회가 예성을 탈퇴하고 기성으로 가입하여 기성은 성결교회에서는 가장 큰 교단으로 형성되었다.

그 동안 기성의 목회자를 양성했던 서울신학대학은 시내 서대문구 아

교단분열과 함께 신학교도 분열로 치닫게 되었다. 이때 계일승 박사는 신학생들을 강당 앞에 모아 놓고 신학교 현안에 대해 역설하였으며, 이때 계일승 박사의 호소에 따랐던 신학생들은 임시 교사인 대광고등학교로 자리를 옮겨 갔다. 다시 광나루에 교사를 신축하고 장로회신학 대학이라 부르게 되었다.

1959년 9월 24일 제44회 총회가 노진현 총회장의 사회로 총회가 개회되었다. 이미 총회가 개회되기 전부터 NAE측과 WCC측으로 분열된 상태에서 총회가 개회되었으며 양측 총대원들은 자파의 세력을 확장하기 위해서 온갖 전략을 가지고 있었다. 이러한 사실을 인지했던 경남노회 총대 김석찬 목사(마산 문창교회)는 개회하자마자 발언권을 얻어 총회의 안정과 은혜를 강조하면서 총대원들에게 호소하였다.

5. 장로교 분열과 6·25 한국전쟁 ◆ 145

전날 경기노회 총대 문제는 임시노회에서 선출된 총대가 정식 총대임을 총회가 투표로 결의했다. 그러나 그 다음날인 26일 난데없이 이환수 목사가 발언권을 얻어 전날의 전말을 되풀이하였다. 이와 때를 같이하여 박희몽(사진 좌측) 장로와 김자경(우측) 장로가 나타나 고성과 폭언으로 회중을 향하여 WCC는 용공이며, 신신학이며, 단일교회 지향자라고 부르짖었다.

노진현 총회장의 일방적인 총회 비상 정회로 대전 중앙교회에서 더 이상 총회를 계속할 수 없게 되었다. WCC지지 총대원들은 서울로 상경하여 9월 29일 서울 연동교회에서 속개하여 회무를 진행하였다. 이때 직전 총회장인 전필순 목사가 등단하여 회무를 진행할 때 반대파 일부가 잠복하여 직전 총회장의 사회권에 대해 시비를 걸기도 하였다.

서울 새문안교회에서 모인 통합 총회 현수막

박형룡 목사를 지지하는 인사들은 1959년 11월 24일 서울 승동교회당에서 노진현 총회장의 사회로 속개를 하고 또 다른 제44회 총회를 개회하였다. 280명의 총대가 출석해야 하는데 대전 총회에 총대로 출석했던 총대원은 겨우 95명이었으며, 이 가운데는 연동교회에서 모이는 총회에 출석했던 총대 6명도 포함되었다.

승동측 총회에서는 총회장에 대전 중앙교회 양화석 목사, 부총회장에 순천제일교회 나덕환 목사, 서기에는 서울혜성교회 박찬목 목사, 부서기는 대구삼덕교회 김삼대 목사, 회록서기에 광주중앙교회 정규오 목사, 부회록서기에 군산개복교회 송희용 목사, 회계에 정읍성광교회 양봉성 장로, 부회계에 대구동신교회 배태준 장로가 각각 선임되었다.

합동측과 통합측 선교사들이 각각 위원을 선정하고 박찬목, 박병훈, 명신홍, 나덕환, 이승길, 이인식, 권연호, 이창규, 전필순, 김석찬, 한경직, 강신명, 유호준, 감의도, 마펫, 설의도, 인돈. 이들 위원들은 1959년 12월 29일 오전에는 종로 2가 CLS 회의실에서 모였으며, 오후에는 자리를 이동하여 승동교회당에서 모임을 가졌으나 합의점은 찾지 못했다.

현동에 자리를 잡고 있었다. 그 후 캠퍼스가 협소하여 경기도 부천으로 이전하여 종합대학으로 개편하고 목회자 양성을 위해 신학대학원을 운영하고 있다. 한편, 교단 분열로 예성은 독립문쪽에 성결교신학교를 운영하였다. 이 신학교도 후에 경기도 안양시에 캠퍼스를 마련하여 종합대학인 성결신학대학교로 개편하여 교역자를 양성하고 있다.

3. 6·25 한국전쟁과 한국교회의 수난

1) 6·25 한국전쟁

6·25 한국전쟁은 동족끼리 총뿌리를 맞대고 서로 싸웠다는 데 민족의 비극이 되었다. 이 전쟁은 남북 분단에서부터 출발되었다. 36년 간 일제의 식민지였던 한국은 해방을 맞이하였지만 한국 국민들의 동의 없이 강대국인 미국과 소련은 일방적으로 북위 38도선을 그어 놓고 38도선 이북은 소련군이, 이남은 미군이 점령하면서 각각 군정을 실시하였다. 북한에 진주했던 소련군은 그 동안 남침 야욕을 품고 국력 증강에 힘을 기울였으며 남한을 점령했던 미군은 군정이 끝나 갈 무렵인 1948년 12월부터 철수에 임하고 있었다.

남북한이 각각 정권을 수립하게 되었는데 소련군의 힘을 얻은 김일성은 북한 공산당의 서기장으로서 1948년 9월 9일 조선민주주의인민공화국을 설립하고 권력의 실권자가 되었다. 남한도 역시 미군의 절대적인 지지를 얻은 이승만이 1948년 8월 15일 대한민국 정부를 수립하고 대통령이 되었다. 이렇게 같은 동족이면서 한반도에 두 개의 정권이 들어섬으로 한 쪽은 소련의 지배를 받고, 다른 한 쪽은 미국의 영향을 받게 되었다.

소련의 영향을 받은 북한 김일성은 처음부터 국력 증강에 힘을 기울이고 기회가 되면 적화통일의 전략을 세워 놓고 있었다. 여기에 중국 본토 또한 공산당 모택동에 의해 장악하게 되자 1949년 중화인민공화국이 중국을 대표하는 정권이 되었으며, 그 동안 중국을 다스려 왔던 장개석은 본토에서 쫓겨나 대만으로 피난하였다. 이러한 분위기가 조성되면서 김일성과 소련 당국은 좋은 기회라도 되듯이 남침의 기회만을 노렸다. 한편, 남침 준비에 광분한 김일성은 모든 학교마다 병영화하여 철저하게 군사훈련을 시키고 1950년 6월 25일 새벽을 기해 보병 10개 사단, 탱크 242대, 항공기 211대 등을 앞세우고 38선을 삽시간에 무너뜨리고 남하하기 시작하였다.

남한에도 군인은 있었지만 이들은 과거 일제시대에 사용했던 일제의 무기와 미군이 사용하다가 버리고 간 무기가 고작이었다. 여기에 때마침 주일이 되어서 대부분의 지휘관들은 주말 외출로 가족과 함께 즐기고 있었다. 이러한 상황에 놓인 남한의 국군은 인민군을 막을 수 있는 길이 전혀 없었다. 인민군은 삽시간에 탱크를 앞세우고 어느덧 서울 성북구 미아리고개를 넘어 돈암동에 진입하였다. 대포소리와 탱크소리에 놀란 시민들은 어찌할 바를 몰랐으며 인민군의 총에 상처입은 국군 장병들은 피를 흘리면서 시내로 몰려왔다. 남침한 지 48시간 만에 인민군은 서울을 장악하고 만 것이다.

겨우 서울을 빠져 나간 시민들은 계속 남으로 남으로 피난 대열을 이으면서 탈출하였지만 인민군의 속도가 더 빨라 그들이 먼저 앞을 가로막았다. 이처럼 힘에 밀린 국군은 방어할 기능이 없어지자 한국 정부는 미국에 유엔 안전보장이사회를 열 것을 요청하였고, 유엔은 불법으로 남침한 인민군을 향해 전투에 임할 것을 결의하였다. 이때 일본에 주둔하고 있던 미국 극동사령부에 속한 병력을 한국전쟁에 투입하였다. 이들이 부산으로 상륙하여 안양에서부터 인민군과 대처하였지만 지형적인 환경이 미숙하여 밀리고 말았다.

그 동안 이승만 대통령은 계속해서 서울을 사수하고 곧 인민군을 퇴각시킨다는 방송을 녹음해 놓고 서울을 빠져 나가 대전과 전주를 거쳐 부산으로 피난을 갔다. 결국 시민들을 속인 결과가 된 것이다. 힘에 밀린 국군은 후퇴를 계속하자 영남과 호남지방에 있는 각 중·고등학교 재학생들이 학도의용군에 지원하여 인민군의 침공을 막으려고 하였지만 이 일은 수포로 돌아갔고 후에 인민군이 점령하자 모두들 곤욕을 당하였다.

곧 인민군은 대전을 점령하고 다시 방어력이 약한 호남쪽으로 공격하고 나섰다. 호남지방을 인민군들이 점령하고 다시 영남지역쪽으로 침공하고 나섰다. 인민군에 의해 점령된 지역은 새로운 시대가 왔다면서 인민위원회가 조직되었고 과거 이승만 정권에 협력했던 우익인사를 비롯하여 군경 유가족, 교회의 지도자들이 숙청의 대상이 되었으며 인민재판을 통한 무서운 살상이 여기저기에서 자행되었다.

북한 인민군은 서울을 점령하고 계속해서 부산까지 인민을 해방시킨다는 슬로건을 내걸고 전선으로 투입되었다. 병력이 부족했던 인민군들은 남한 각처에 흩어져 있는 남녀 중·고등학교 학생들을 감언이설로 속여 인민군에 지원하게 하였다. 최후의 격전지인 낙동강 전투에 엄청난 인민군 병력을 투입하게 되었는데 유엔군과 국군의 희생도 컸지만 인민군의 손실 또한 엄청났다.

드디어 맥아더 사령관의 전법에 의해 1950년 9월 14일 유엔군과 국군의 인천 상륙작전이 성공하자 인민군은 서서히 퇴각하였다. 같은 해 9월 28일 서울이 탈환되고 그 여세를 몰고 그 해 10월 1일 북진 통일을 부르짖으면서 유엔군과 국군이 반격을 가하여 드디어 평양성을 함락하고 압록강을 향해 돌진하였다.

그런데 뜻하지 않은 중화인민공화국의 인민군, 즉 중공군의 개입으로 일시 후퇴하지 않을 수 없었다. 중국에서는 항미원조(抗美援朝)의 정책을 펴면서 대대적으로 6·25 한국전쟁에 병사를 투입시켰던 것이다. 중공군은 인해(人海)전술로 유엔군과 국군을 압박하면서 계속 밀어부쳤다. 엄청난 중공군의 개입으로 유엔군은 1951년 1·4 후퇴 명령을 내렸다. 일시 서울을 중공군에게 넘겨 주었던 비참한 일도 있었다. 그러나 유엔이 다시 반격을 가해 38선을 중심으로 전선을 지키다가 1953년 7월 27

일 중공군과 유엔군의 군사협정에 의해 현재 존재하고 있는 휴전선을 만들게 되었다. 지금은 인민군과 국군 및 유엔군이 휴전선을 지키면서 한반도 통일을 가로막고 있는 형편에 놓이게 되었다.

한국전쟁으로 남북한의 모든 도시는 폭탄 폭격으로 파괴되었다. 이 전쟁에 투하된 폭탄은 제2차 세계대전시 투하된 폭탄보다 더 많았다고 한다. 이 전쟁으로 남한의 국군은 22만여 명, 북한의 인민군은 60여만 명, 미군은 14여만 명, 유엔군은 1만 6천여 명, 중공군은 1백여만 명의 사상자가 났으며 질병으로 인한 민간인 사망자까지 남북한 모두 합치면 6백여만 명이나 된다. 여기에 남북한 이산가족은 1천여만 명이나 발생되었다.

2) 한국교회의 수난

대한민국 정부가 수립된 지 얼마 안 된 남한은 신앙의 자유를 누리면서 38선을 넘어 월남하는 목회자 성도들을 따뜻하게 맞이하는 등 평온한 날을 맞이하고 있었다. 주일이면 서울의 거리는 한산할 정도였으며 교회로 향하는 성도들이 그 어느 때보다 일반 시민들의 눈에 많이 띄기 시작하였다. 이러한 분위기가 계속되던 어느 날 갑자기 한국전쟁이 일어나자 모두들 걱정하였다.

우선 KNCC 총무였던 남궁혁 목사는 종로 2가에 있는 대한기독교서회 빌딩에 모여 한국전쟁에 대한 대책회의를 논의하였다. 대개 월남한 목사들은 서울을 사수해야 한다면서 사수론을 부르짖기도 하였으며 일부는 피난을 가서 훗날 교인들을 지도해야 한다는 의견이 분분하였지만 성도들을 남겨 두고 피난을 갈 수 없다는 쪽으로 의견이 수렴되었다. 그러나 막상 인민군이 서울을 점령하자 그렇게 사수론을 부르짖던 목사들 가운데 상당수가 앞을 다투어 피난을 갔으며, 공산당의 그 악랄한 정책을 몰랐던 대부분의 남한 목사들은 그냥 서울에 남게 되었다. 서울이 점령된 지 얼마 안 된 어느 날, 김욱이라는 경동교회 교인이 총무로 입구에 '기독교민주동맹'이란 간판을 내걸고 인민군 환영준비에 임하고 있었다. 드디어 7월 9일 주일 오후 인민군 환영대회를 개최하였다. 이날 피난 가지 못한 대부분의 목사들은 강제로 이 곳에 동원되어 환영대회에 참가하여 순서 등을 맡았다.

한때 좌익사상을 가졌던 최문식 목사는 6·25 한국전쟁으로 서대문 형무소에서 출감한 즉시 종로 2가 대한기독교서회에 사무실을 마련하고 8월 21일 김일성 정권을 지지하는 궐기대회를 개최하였다. 이 때도 본의 아니게 많은 목사들이 동원되어 김일성 장군을 찬양하는 노래를 부르게 하였다. 이러한 대회가 끝나자 최문식 목사는 하루에도 수많은 목사를 사무실로 소환하여 자술서를 받는 등 심리적으로 많은 압박을 가하였다.

한편, 지방에서도 이러한 일은 수없이 반복되었으며 어떤 경우에는 아예 교회당이 징발당하여 인민위원회, 여성동맹위원회, 민주청년동맹위원회 사무실로 사용되기도 하였다. 여기에 목사나 전도사 등을 수시로 소환하여 자술서를 쓰게 하였으며 어떤 경우는 인민재판을 통하여 처형시키기도 하였다.

충북지방에서도 엄청난 교회의 손실과 함께 순교자들이 배출되었다. 즉, 장성교회를 비롯해서 회덕교회, 수리교회, 사평교회, 문화교회, 온촌교회, 설리교회 등 8개처나 소실되었으며, 이러한 과정에서 곽경한, 전용섭 목사, 영동교회 최치한 장로, 청산교회 서상철 영수 등이 각각 순교를 당하였다.

충남에도 마찬가지였다. 서천지방에서는 강일순 장로, 박대순, 이춘석, 모범한, 한필수, 김상겸 집사가 순교를 당하였다. 장항에서는 정재호, 이병휘, 신동현 장로 등이 순교를 하였으며, 문산교회에서는 김봉하 전도사, 홍산교회에서는 백남철 장로, 이민우, 박일규, 박상문, 방후용 집사 등이며, 오량교회에서는 고웅두 집사가 순교하였다. 강경침례교회에서는 이종덕 목사, 삽교천교회에서는 도복일 목사가 순교하였다. 논산성동교회에서는 교인 66명이 집단적으로 학살을 당하였다.
　여기에 인민군이 남으로 계속 진격하면서 경북 안강제일교회, 의성제일교회, 김천 황금동교회는 각각 전소되었다. 육통교회에서는 심은양 장로, 심만길 집사, 기계제일교회 김두환 집사, 경안 함안 사촌교회 조용석 장로, 하동읍교회 조상학 전도사, 거창 덕산교회 한창교 집사도 순교를 하였다.
　이러한 과정에서 전남 영광군 염산교회에서는 김방호 목사를 비롯하여 77명이 순교당하였다. 영광군 야월교회의 전교인 65명은 공산당에 의해 교회당에 감금당한 채 전원이 불에 타 죽은 일도 있었다. 무안군 몽탄교회 정재련 전도사 및 해재중앙교회와 청계복길교회의 여러 신도들도 순교당하였다. 목포연동교회 최명길 목사, 김계수 장로, 신안군 임자성결교회 문준경 전도사, 이판일 장로 등, 진도읍교회 김수현 목사, 강진군 강진읍교회 배영석 목사, 해남 신복균 전도사, 영암군 영암읍교회 신도 26명, 상월교회 나옥매 전도사 외 30여 명, 구림교회의 많은 교인들이 순교를 당하였다. 순천지방에서도 덕양교회 조상학 목사, 애양원교회 손양원 목사, 소록도교회 김정복 목사, 구례읍교회 이선용 목사, 광주 선교부 조영택, 김인재 전도사, 담양읍교회 김용선 전도사, 광주양림교회 박석현 목사 등이 순교를 당하였다.
　전북 옥구군 미평에 있는 원당교회의 홍상식 외 31명, 신광교회는 김종대 장로 등 4명, 혜성교회는 정연행 전도사 등 5명의 신도들이 처형을 당했다. 역시 익산군에서도 황등교회의 이재규 목사 등 10여 명, 낭산교회의 고영호 전도사, 김제군에서는 만경교회의 김종환 목사, 대창교회의 안덕윤 목사, 그 외 죽산교회, 금산교회 등에서도 목사, 전도사, 장로, 신도들이 처형을 당하였다. 완주군 재네교회, 봉상교회, 삼례 후리교회, 동산교회에서도 처형당한 목사, 전도사, 일반 신도들이 있었다. 정읍군 매계교회, 천원교회, 앵성교회, 신태인교회, 한교교회 등에서도 목사, 장로, 전도사, 신도 등이 처형을 당하였고 정읍두암교회에서도 윤

임례 집사를 비롯하여 20여 명이 순교당하였다. 고창군 고창중앙교회 임종환 목사와 신도 외 수십 명이 순교를 당하였고 역시 공음면 공음교회 오병길 전도사도 순교하였다. 충남 논산병촌교회에서도 많은 신도들이 순교를 당하였다.

서울에서도 순교를 당한 목사가 많이 있었다. 안길선 목사, 김예진 목사, 주채원 목사, 김응락 장로 등이 순교를 하였다. 또한 공산당에게 협조하지 않았다 하여 서대문형무소에 수감된 전인선 목사, 김윤실 목사도 순교를 당하였다. 납북된 목사도 많이 있다. 장로교회에서는 송창근, 남궁혁, 김영주, 유재현 목사 등이 감리교회에서는 김유순, 양주삼, 방훈, 김희운, 조상문 목사가 납북되었다. 성결교회에서도 박현명, 이건 목사, 구세군에는 김삼석, 김진하 등이 납북되었다. 이들의 생사는 알 수 없지만 모두 처형되었으리라고 생각된다.

또한 북한에서도 많은 목사 및 일반신도들이 순교당하였다. 이들은 한국전쟁이 일어나기 전에 처형된 일도 있었다. 유엔군이 북진할 때 인민군에 의해 순교를 당한 목사도 있었다. 이들의 명단을 살펴보면 정일선 목사, 박경구 목사, 유계준 장로, 백인숙 전도사 등이다. 한편, 유엔군이 북진할 때 김익두 목사를 비롯해서 많은 교인들도 순교를 당하였다. 이 외에도 이름이 밝혀지지 않은 많은 순교자가 있으리라고 생각된다. 결국 한국교회는 이들의 순교 위에 세워진 교회이기에 더욱 뜨겁게 부흥성장되어 갈 수 있었으며 이 모습은 눈으로 볼 수 있는 산 역사가 되었다.

3) 사이비 이단들의 등장

그 무서운 동족상잔의 전쟁은 끝이 났지만 시민들은 수복된 서울을 바라보고 모두들 놀라고 말았다. 가난은 극심하였으며 정들었던 주택을 잃어버린 사람들, 여기에 전쟁으로 인하여 수많은 생명을 잃었다. 더욱이 인민군 남침과 유엔군의 북진으로 인구의 대이동이 단행되는 과정에서 수많은 이산가족들이 생겨났으며 특히 이산가족들의 아픔은 더할 나

한국전쟁시 인민군 포로들이 경남 거제도 포로수용소에서 선교사들의 설교에 귀를 기울이고 있다.(1950년)

한국전쟁시 평양으로 호송된 포로들(1950년 10월)

5. 장로교 분열과 6·25 한국전쟁 ◆ 155

유엔군과 국군에 의해 1950년 10월 19일에 평양이 탈환되었으며, 계속 압록강과 두만강을 향하여 전진하였다. 서문교회에서 감사 예배드린 교인의 모습(1950년 10월)

한국전쟁시 폐허가 된 평양에서 선교사들이 감격스러운 모습으로 상면하고 있다(1950년 10월).

위가 없었다.

　이러한 불안한 사회의 부조리 현상의 틈을 타고 이단들은 여기저기서 나타나기 시작하였다.

　1) 그중 대표적인 이단은 나운몽의 용문산 기도원 운동이었다. 이 기도원 운동은 1947년 4월 성령을 체험하게 하고 입신, 방언, 신비 등을 맛보게 하며 공허함에 빠져 있던 기성교회 교인들을 끌어들였다. 이들에게 용문기도원에 들어가 이상한 체험을 하게 하고 기성교회에 적지 않는 영향을 주기도 하였다. 그래서 1956년 9월 장로회 총회에서는 나운몽 집단을 이단으로 규정하기에 이르렀다. 그는 주역(周易)으로 성경을 해석하였으며 공자, 석가도 신이 보낸 동방의 선지자라고 해석하였다. 가장 특이한 사실은 복음이 전파되기 전 세대의 사람들 중에는 유교와 불교를 통해서 구원받은 사람들도 있다고 주장한 것이다. 진리는 항상 형식에 있지 않고 질에 있다면서 유교, 불교, 기독교는 모두 하나라고 주장하였다.

　2) 또 다른 이단은 박태선 전도관 운동이었다. 박태선 장로가 1955년 3월 서울 남산 조선신궁터에서 대형 천막을 치고 부흥회를 인도하였을 때 뜻밖에 많은 사람들이 운집하였다. 여기에 자신감을 얻은 박태선은 갑자기 돌변하여 "썩은 냄새가 난다", "향기가 난다", "하늘에서 이슬비가 내린다"는 등 비성서적인 이야기를 전개하면서 많은 회중들을 흥분시켰다. 그리고 그는 동방의 의인으로 자칭하여 자신은 "주의 보혈을 받았고 자기 몸에서 이루어졌기 때문에 남에게 분배해 준다."라고 서슴없이 이야기하면서 주장한 '피가름' 사건은 모든 이들을 깜짝 놀라게 하였다.

　이후 박태선 장로의 부흥회는 절정을 이루면서 전국을 누비고 다니기 시작하였다. 1955년 11월 예장 경기노회에서 이단으로 규정하고 그를 해당 당회에서 장로직을 면직하도록 결의하였으며 1956년 예장 총회에서도 그의 가르치는 "교훈이 비성서적이요, 장로교 교리와 신조에 위배

됨으로 이단으로 규정한다."라고 결의하였다.

 이러한 결의가 있음에도 불구하고 그의 천막 전도집회는 더욱 왕성해 갔다. 더욱이 마지막 때에 요한계시록에 나타난 대로 14만 4천 명만이 들어갈 수 있는 시온성을 건설한다면서 많은 교인들을 유혹하여 경기도 부천 소사에 터를 잡고 전 재산을 시온성 건설에 투입하게 하였다. 이 일로 많은 교인들의 가정이 파탄되는 일이 발생하였다. 이때 그에게 현혹된 많은 신자들이 재산을 정리하고 시온성이 있는 부천시 소사로 몰려들면서 새로운 인구 이동의 현상이 일어나기도 하였다. 이때 모아진 재산과 헌금으로 시온공장을 만들어 시온제품을 팔게 하는 등 박태선은 일약 재벌이 되어 큰 기업을 운영하게 되었다. 한 손에는 교권, 다른 한 손에는 재물을 쥐고 스스로 의인인 체한 그는 마지막에는 자신이 하나님이라고 하여 천부교(天父敎)로 이름을 바꾸었다. 그리고 자신은 절대로 죽지 않는다고 장담하였지만 마지막에는 결국 그도 한줌의 흙으로 돌아갔다.

 3) 6·25 한국전쟁의 혼란과 함께 등장한 문선명 집단은 1954년 5월 문선명이 서울 성동구 북학동에서 정식으로 발족시켰다. 1955년 7월 문선명은 혼음사건으로 4명의 간부와 함께 구속되기도 하였다. 이 사건으로 연세대, 이화여대 교수 및 대학생들이 연루되어 면직 또는 퇴학을 당한 사건이 있었다. 통일교의 원리 강론은 창조론, 타락론, 복귀섭리론 등이다. 이중 그의 타락론을 살펴보면 타락한 천사장이 뱀으로 나타나 하와를 속여 성관계를 갖게 되었다는 것이다. 그 후 하와는 아담과 성관계를 맺고 있을 때에 하나님이 나타나자 부끄러워 하체를 가렸다는 것이다. 이로 인하여 인류는 사단의 사악한 피를 갖게 되었다는 것이다. 또한 문선명은 자신이 재림주라고 주장하고 있다. 예수 그리스도의 십자가의 구속이 미완으로 끝났기에 자신이 그 미완을 완성시키기 위해 온 재림주라고 주장하고 있다. 따라서 자신이 인류를 구원하기 위해서 온 구세주이기 때문에 자신을 믿어야 한다고 주장하였다. 국내외를 막

론하고 엄청난 기업을 운영하면서 인건비를 착취하는 등 수단 방법을 가리지 않고 통일교 선전에 안간힘을 기울이고 있다. 한때는 군사정부의 반공이론을 앞세우면서 승공단체로 정부의 협력을 얻어 교세 확장에 박차를 가하기도 하였다. 그리고 교회에도 깊숙이 침투하여 목사나 장로들을 유혹하여 금전으로 해외여행을 시키는 등 교회를 파괴하는 일에 안간힘을 쏟기도 하였다. 1971년 장로회 총회에서는 문선명 집단을 이단으로 규정하였으며 문선명 집단은 기독교가 아니라는 것을 확실하게 천명하였다.

이러한 이단의 규정을 내렸는데도 문선명집단은 갖은 방법으로 정치, 경제, 문화, 교육에까지 깊숙이 관여하고 있으며 최근에는 천안에 세명대학교를 설립하여 지도자들을 양성하고 있다. 이처럼 혼란기를 만난 한국 사회에 이단 사이비들이 등장하여 기성교회를 위협할 뿐만 아니라 사회 전체를 위협하였다.

이단 사이비는 아직도 사회 각 구석에서 활기를 띠고 있다. 이단 사이비를 알지 못해 숱한 기성교회 교인들이 여기에 빠져 헤어나지 못하고 있는 일들이 수없이 많다. 그래서 한국교회나 예장 통합측 총회나 각 교단에서 사이비이단위원회를 설치하고 이에 적극적으로 대처하고 있다.

6장

한국교회의 성장과 민주화운동

1. 교회 성장과 선교 100주년 • 161
2. 민주화운동 • 166

6장

한국교회의 성장과 민주화운동

1. 교회 성장과 선교 100주년

1) 교회 성장

분단의 아픔을 만나면서 남한교회는 급성장하였다. 많은 북한교회 교역자와 일반 신도들이 신앙의 자유를 찾아 월남하면서 남한 전국으로 흩어졌다. 남한의 대부분 교회가 교역자가 부족할 때여서 이들은 각 교회에서 사역에 임하였고 또한 월남한 일반 신도들은 대도시마다 스스로 교회를 개척하였다. 그 대표적인 예로 서울 영락교회를 들 수 있다. 이들의 월남으로 남한에 있는 교회들은 큰 자극제가 되기도 하였다. 특별히 1·4 후퇴시 대량 탈출로 월남한 이북 목회자와 신자들은 교회가 없는 지역에 교회를 개척하기에 이르렀다. 이미 서울에 자리잡은 서울 영락교회도 피난지인 부산, 대구, 제주에까지 영락교회를 설립하였다.

6·25 한국전쟁 후 미국의 유명한 세계적인 전도자 빌리 그래함과 피얼스 박사의 대중 전도집회는 한국인들에게 새로운 소망을 주었고 많은 시민들이 교회로 몰려오게 하였다. 서울에 있는 교회를 비롯하여 전국에 있는 교회들이 큰 자극을 받고 전도운동에 힘을 기울이게 되었다.

한편, 6·25 한국전쟁으로 인하여 대한민국 국민은 누구나 국방의 의

무로 군에 입대하게 되었다. 그런데 군에 입대하면 각 부대의 군목에 의해 신앙을 접할 수 있는 좋은 기회가 되기도 하였다. 군목제도는 이승만 대통령의 명령을 받고 감리교 선교사 쇼와 목사와 천주교 선교사 캐롤 신부가 1951년 정월 대구에 군종학교를 설립하고 군종교육을 실시함으로 시작되었다. 그 해 2월 최초로 39명의 군목이 배출되었는데 이때 군목은 계급 없이 십자가 하나만 달고 군인 목사로 사역에 임하였다. 그러나 계급사회인 군대에서 계급 없이 활동한다는 것은 여러 가지 장애에 부딪힘으로 군목들이 상부에 건의하여 1954년 정식으로 군종은 장교로 임관하게 되었다.

군에 입대한 대부분의 병사들은 군목 활동의 영향으로 신앙을 갖게 되었으며 신앙을 갖고 군에서 제대하게 되면 자연히 신앙인으로서 교회를 찾아나섬으로 많은 제대 장병들이 교회로 모여들기 시작하였고 농촌이나 도시나 할 것 없이 교회가 성장해 갔다.

학원선교도 빼놓을 수 없는 황금어장이 되었다. 해방과 함께 미션 스쿨이 복교되면서 각 지방마다 젊은 청소년들이 미션 스쿨로 모여들기 시작하였다. 중·고등학교 재학시 교목의 설교와 성경공부를 통해서 기독교를 접하게 됨으로 자연히 기독교 신앙을 갖게 되어 신자가 되었다.

여기에 교파 분열도 교회 성장에 한몫을 담당하였다. 자파의 교세를 확장하기 위해서 안간힘을 기울였으며 한 지역에서도 교파분열에 의해 많은 교회들이 설립되었다.

교회 성장에 관한 이론이 한국교회에 들어오면서 빌리 그래함 전도단이 내한하여 1973년 5월 30부터 6월 3일까지 '빌리 그래함 한국전도대회'라는 제목으로 대중 전도 집회가 서울 여의도 광장에서 있었다. 이 전도대회에서는 한국교회 내의 진보, 보수 가릴 것 없이 전도하는 일에 전 교회가 하나가 되어 '5천만을 그리스도에게'라는 슬로건을 내세웠다. 이 대회가 서울에서 개최되기 전 이미 지방 각 도시에서 전도붐이 일어났으며 마지막 서울 모임에 전국 교회가 여의도 광장에 모여 전도의 필요성과 교회 성장에 대한 설교를 들었다. 참가 연인원만도 120만 명이 동원되었으며 결신자도 16,000여 명이나 나왔다.

다시 1974년 8월 13부터 18일까지 한국대학생선교회(CCC)에서는 엑스플로 '74대회를 개최하였다. 이 대회의 주강사는 빌리 그래함과 쌍벽을 이루고 있는 빌 브라이트 박사였다. 브라이트 박사는 국제대학생선교회 총재로서 교회성장학 전문가이기도 하였다. 역시 이 대회도 각 지방 목회자 및 일반 신도들이 대거 상경하여 여의도 광장에서 개최되는 밤 전도집회에 참가하였다. 새벽기도회와 낮시간은 전도훈련을 통한 교회 성장에 대한 훈련을 받았다. 이처럼 대형 전도집회를 통해서 교회 성장에 관한 훈련을 받은 한국교회는 70년대, 80년대를 거치면서 엄청난 성장을 하였다. 1985년 6,500,000여 명이 되던 신도수가 1989년에는 11,888,374명이나 되었고 다시 1990년에는 12,091,837명이나 되었다. 이렇게 한국교회가 성장하는 데는 교회학교 운동도 한몫을 담당하였다. 60년대, 70년대, 80년대의 교회학교 아동부, 중등부, 고등부 학생들이 계속 성장하면서 건실한 한국교회의 신도로 자리잡았고 또한 과거 유신독재와 싸우면서 민주화를 외쳤던 한국교회는 신도 수가 전체 인구의 25%를 차지하며 한국의 불교와 쌍벽을 이루는 종교로 자리를 잡게 되었다.

2) 선교 100주년 기념사업

한국교회의 출발은 1832년 7월 서해안에 배를 정박하고 있던 네덜란드 선교회 소속 귀즐라프가 홍주읍 관리에게 복음을 전하면서 시작되었다. 1866년 9월에 영국 런던선교회 소속 토마스 선교사가 대동강에서 성경을 뿌리면서 순교하였다. 그 후 긴 세월이 흘러 드디어 1884년 9월 미국 북장로교 선교회 소속 알렌 의료선교사가 인천항을 통해 서울에 도착하였다. 한국교회는 알렌 선교사가 한국에 도착했던 그 해를 기점으로 해서 한국기독교 100주년 기념사업을 준비하였다. 그 동안 한국교회는 한 하나님, 한 예수님을 믿으면서도 보수와 진보로 나누어짐으로 연합적으로 해야 할 모든 행사 때마다 많은 갈등을 낳았다. 그러나 한국 교회가 선교 100주년을 맞이하는 뜻깊은 행사만은 교파를 초월해 보수와 진보의 갈등도 해소될 수 있는 좋은 기회로 삼기 위해 우선 각 교단 원로들을 중심으로 '한국기독교 100주년 기념사업협의회'를 조직하고 나섰다. 이 조직에 참여한 교단은 20개 교단으로서 보수와 진보와 함께 교파를 초월하여 조직되었다. 이사장에 예장 통합측 한경직 목사가 취임하였으며, 사무총장에는 예장 고신측 김경래 장로가 취임함으로 사업이 본격적으로 추진되었다.

우선 한국교회 전 교인이 참여할 수 있는 계획을 세웠는데 그 첫째 사업으로 1984년 8월 15일부터 19일까지 '한국기독교 선교 100주년 선교대회'를 개최하였다. 매일 밤마다 한 가지 주제를 정하고 대회를 개최하였는데 첫째 날은 '감사와 회개의 밤', 둘째 날은 '화해와 일치의 밤', 셋째 날은 '교회 성장과 교회 갱신의 밤', 넷째 날은 '민족통일과 평화의 밤' 등이었다. 특별히 이 기간에 초청된 강사는 세계적인 전도자 빌리 그래함 박사, 독일 신학자 몰트만 교수, 일본 목회자 모리야마 목사였다. 이 대회에 참석한 연인원은 자그만치 350~400만 명이나 되었으며, 매일 밤마다 모이는 숫자는 여의도 광장을 메울 정도로 많은 회중이 참석하여 선교에 대한 감사를 거듭 외치면서 대회를 성공리에 마감하였다.

둘째 사업으로는 한국기독교 100주년 기념사업의 계속 사업의 일환으로 인천기독교연합회의 건의를 받아 1885년 4월 5일 인천 제물포항에 언더우드와 아펜젤러 선교사가 상륙했던 그 장소에 '한국기독교 100주년 탑'을 공동으로 건립하여 1986년 3월 30일에 제막식을 가졌다. 높이 17m, 구조물 면적 50평 규모의 기념탑이 한국교회를 더욱 자랑스럽게 만들어 놓았다.

셋째 사업으로는 양화진 외국인 묘지와 한국기독교선교기념관 건립이었다. 시내 마포구 합정동에 있는 양화진은 선교사 및 외국인의 시신이 500여 기나 안장되어 있는 장소이다. 여기에 시신이 안장되기는 1890년 7월 장로교 의료선교사 헤론이 과로로 세상을 떠나 정부로부터 겨우 허락을 받고 버려진 땅 양화진에 그의 시신을 안장하게 되면서부터이다. 그 이후 고국의 하늘을 바라보면서 이역만리 한국에서 생을 마감하게 된 많은 선교사들과 그의 가족들이 늘어나자 자연히 합정동 양화진에 안장하게 되었다. 그러나 외국인 선교사들이 점점 감소하게 되자 이 곳을 돌보는 관리인이 없어서 방치되다시피 하였는데 기독교 실업인들이 7억을 모금하여 묘역을 새롭게 단장하고, 외국인 선교사와 외국인들이 모여 예배를 드릴 수 있는 마땅한 공간이 없었던 차에 유서 깊은 이 곳에 '한국기독교선교기념관'을 건립하게 되었다. 바로 묘지 옆에 3층으로 된 350평의 건물을 완성하였다. 1층, 2층은 사무실 및 각종 세미나실로, 3층은 외국인 예배실로 1986년 10월에 완공하고 사용하게 되었다.

넷째 사업은 경기도 용인시 내사면 추계리에 건립된 '한국기독교순교자기념관'이다. 그 동안 한국교회에는 일제의 탄압과 한국전쟁으로 많은 순교자가 나왔지만 교회의 무관심으로 방치되었다. 그러나 한국교회 100주년을 맞이하면서 뒤늦게나마 이러한 사업을 할 수 있었던 것은 기독교 실업인들의 역할이 컸다. 때마침 서울 영락교회 정리숙 권사가 자신의 소유 임야 10만 평을 기념사업회에 헌납하자 기념사업회에서는 이를 받아 1989년 11월에 완공하였다. '한국기독교순교자기념관'은 3층 건물로 총 360평 철근 콘크리트 나면조 건물로서 1층은 휴식공간, 2층은 소회의실, 3층은 순교자 기념실, 순교자 유품 및 자료실로 되어 있다. 이렇게 한국교회가 100주년을 맞이하면서 많은 사업을 해왔다. 그 중에 또 하나의 획기적인 사업은 한국기독교총연합회를 만드는 일에 한몫을 담당하게 된 것이다. 기념사업회의 모임 구성이 초교파적인데다가 보수와 진보 모두 함께 참여한 기관이었기에 이러한 사업을 훌륭하게 해낼 수 있었다.

2. 민주화운동

1) 자유당 정권과 한국교회

미군정이 끝나자 1948년 5월 10일 UN의 감시하에 총선을 실시하여 제헌국회 의원을 선출하였다. 이때 이승만 박사를 비롯한 많은 기독교인들이 제헌국회 의원으로 당선되었다. 국회가 개회될 때에 국회의원인 이윤영 목사가 기도함으로 역사적인 제헌국회가 개회되었다. 이처럼 기독교 국가는 아니지만 이승만 박사의 정치적인 권위로 이 일이 이루어졌다. 이승만 박사가 국회에서 대통령으로 선임되면서 1948년 8월 15일 광복절을 맞이하여 대한민국 정부가 출범하였다.

이후 6·25 한국전쟁을 치루는 동안 잠시 수도가 부산에 머물고 있을 때에 이승만 박사는 반대파를 용공으로 조작하면서 대통령제를 간접선거에서 직접선거로 바꾸어 정치파동이 유발되었다. 이러한 처사로 일인 독재체제로 자리를 잡아가는 길목에 서게 되었다. 다시 정부가 환도하면서 여전히 정권은 이승만 박사가 장악하면서 영구집권을 꾀하였다. 1960년 3·15 부정선거는 그를 종말로 몰고 가는 치욕적인 사건이 되었다. 이 3·15 대선은 야당인 민주당 대통령 후보 신익희, 부통령 후보 장면과 여당인 자유당 대통령 후보 이승만, 부통령 이기붕과의 맞대결이었다. 여기에 자유당 정권은 독재와 부패로 일관해 온 부도덕한 정권이었다. 한때 함태영 목사가 부통령으로 이승만 대통령을 내조한 일이 있었으나 여전히 그 기능은 아무런 효과를 내지 못했으며, 한낱 기독교를 대표한다는 의미로 교회의 표를 의식하고 행해진 처사였다.

이때 KNCC가 위치하고 있던 종로 2가 대한기독교서회 빌딩에는 자유당 정권을 지지하는 현수막과 함께 자유당 후보 대통령 이승만, 부통령 이기붕을 지지해 달라는 내용이 오고 가는 시민들에게 볼 수 있도록 걸려 있었다. 그리고 기독교 지도자들은 각 지역교회 목사를 통해서 자유당 후보 이승만과 이기붕을 지지해 달라고 호소를 하였다. 이승만은 일찍이 기독교에 입문했던 기독교 교인이었으며 이기붕 역시 기독교 교인이었기 때문이었다.

　3·15 투표가 실시되면서 경남 마산에서 뜻하지 않게 개표하는 과정에서 부정이 개제되었다. 이 일은 마산의 한 지역에서만 일어난 것이 아니라 전국 각지에서 5인조 선거를 통해서 부정한 방법으로 이승만 후보가 대통령으로 당선되었다. 이러한 사실을 알게 된 마산에서는 대통령 당선 무효를 외치는 시위의 물결이 남풍을 따라 북상하기에 이르렀고, 끝내는 서울에까지 파급되어 연일 대학가는 이승만 정권을 타도하는 목소리로 뒤덮였다. 연일 계속되는 데모는 주로 대학생과 중·고등학교 학생들이 주축이 되었고 그들은 자유를 외치면서 길거리로 쏟아지기 시작하였다. 1960년 4월 18일에는 고려대 대학생들이 태평로에 있는 국회의사당까지 진출하였으며 귀가길에 자유당의 하수인 깡패들과 충돌하여 많은 학생들이 부상을 입었다. 이러한 소식을 접한 대광고등학교 학생들이 4월 19일 아침 교문을 뛰쳐나왔고 어느 새 그 소식은 대학로에 있는 동성고등학교 학생들, 서울대 문리대, 법대, 의대생들에게 전해지면서 그들도 거리로 나오기 시작하였다. 이렇게 쏟아져 나온 데모대들은 "부정한 방법으로 당선된 이승만 대통령은 하야하라!"고 외치면서 경무대(현 청와대)로 향하였다. 힘에 밀린 경무대 경찰서는 곧 발포명령을 내렸고, 수많은 학생들이 무참하게 죽어 갔다. 이러한 광경을 지켜보고만 있을 수 없었던 대학 교수들도 데모에 참가하였고, 시민들도 이에 합세하였다. 결국 이 4·19 혁명으로 이승만 대통령은 하야하였고 전에 머물렀던 종로구 이화동의 이화장에 머물렀다. 그러나 그 곳에서도 더 이상 머물 수 없다고 판단한 그는 결국 미국 하와이 땅으로 망명하였다.

　부정한 방법으로 선거가 자행되었고 그들을 지지했던 일은 한국교회로서는 부끄러운 역사의 한 장을 마련하고 말았다. 교회는 항상 새 것을 향해 전진해야 하고, 바른 역사를 이끌도록 예언자적인 사명을 감당해야 하며 타락한 권력의 편에 서는 것은 교회로서 기능을 상실하게 되는 것이다. 오히려 시민과 학생들이 타락한 정권과 싸워 승리함으로 한국의 민주주의가 살아 있음을 온 세계에 알리는 좋은 기회가 되었다.

2) 한일비준 반대운동과 한국교회

자유당 정권은 4·19 혁명으로 종말을 고하였다. 혁명의 주체세력이었던 대학생들은 다시 학원으로 복귀하고 행정수반으로 허정이 임시로 정부를 관리하였다. 내각제를 중시한 헌법이 통과되면서 과거 자유당 정권의 국회는 해산되었다. 새로운 내각제 헌법에 의해 참의원, 중의원 양원제에 의한 국회가 전국적으로 실시되었으며 절대 다수가 과거 야당이었던 민주당 후보들이 대거 당선되었다. 이로써 국회에서는 장면을 내각 수반으로 선출하고 대통령은 윤보선을 선출함으로 민주당 정권이 출범하였다.

그 동안 억압과 탄압 속에서 살았던 시민과 학생들은 언론과 집회의 자유를 누릴 수 있게 되면서 너무나 많은 것을 요구하면서 데모 공화국이라 할 정도로 데모가 극심하였다. 장면 정권은 최대한 민주시민들의 소리를 수용하려고 노력하였지만 요구사항이 너무 많아 힘에 부침을 느낀 일이 한두 가지가 아니었다. 이때 한국 사회는 자유는 만끽하였지만 모든 것이 무질서하였다.

민주당 정권은 민주주의 토대 위에 민주주의를 실현하기 위해 준비를 하고 있었지만 민주주의를 바탕으로 출범했던 민주당 정권은 무너지고 말았다. 1961년 5월 16일 박정희 소장은 군인들과 함께 탱크를 몰고 새벽에 서울을 장악하면서 군사 쿠데타를 일으켰다. 육본과 각 주요기관을 장악한 박정희 소장은 국가최고재건위원회를 조직하고 자신이 직접 의장으로 취임하면서 모든 권력을 한 손에 쥐었다. 이들은 혁명공약으로 모든 부정 부패를 일소하면 즉시 군에 복귀한다고 하였지만 이들은 군복을 벗고 정치일선에 나섰다. 그는 공화당을 만들고, 공화당 대통령 후보로 등록을 한 후 민주당 윤보선 후보와 경쟁하였다. 이때 윤보선은

6. 한국교회의 성장과 민주화운동 ◆ 169

자유당 말기 기독교인들은 자유당 대통령 후보 이승만, 부통령 이기붕을 지지하고 나섰다(1959년 2월 7일).

한·일 비준 반대를 외치면서 데모하는 기독청년들(1965년 7월 5일)

낙선되고 박정희가 대통령으로 당선되었다.

박정희는 대통령으로 당선되면서 그 동안 해결하지 못한 한일국교 정상화를 위해 갖은 노력을 가하였다. 그러나 박정희는 한일국교 정상화를 통하여 과거 36년 간 일제가 식민지의 일을 자행하면서 착취해 간 모든 굴욕적인 일들에 대해 경제적으로 보상받고 해결함으로 국가 경제 발전에 도움을 받고자 하였다. 이렇게 정부에서는 불평등한 굴욕적인 외교를 펼치면서 1965년 6월 22일에 한일국교 협정이 조인되었고, 7월과 8월 무더운 여름철 한국교회의 교계 지도자들은 금식과 철야기도회를 갖고 최초로 가두 시위에 돌입하여 한일비준 반대운동을 대대적으로 전개하였다. 이중 7월 5일과 6일 양일간에 걸쳐 영락교회에 모여 '국가를 위한 기도회'를 개최하였다. 이때 첫 날에는 3천여 명이 모여 기도회를 가졌고 "국민이여, 각성하자! 비준을 막자!"라는 표어를 가슴에 달고 거리에 나가 항의데모를 하였다.

이러한 비준반대운동이 지방으로 확산되면서 모든 국민들과 교인들은 불평등에 의한 한일국교 정상화는 있을 수 없는 일이라고 인식하면서 절대적으로 반대하였다. 이미 이러한 사실을 안 대학생들은 연일 시위를 하면서 굴욕적인 한일국교 반대운동을 벌였다. 그러나 군사정부는 총칼로 힘 없는 대학생이나 교회의 반대운동을 제압하고 일본으로부터 무상 3억, 유상 2억, 총 5억 불을 보상받는 것으로 한일국교를 맺었다. 이후 정부는 일본으로부터 받은 5억 불의 보상금으로 국가경제 5개년 계획을 수립하고 추진해 나갔다.

3) 유신정권과 싸운 한국교회

박정희 대통령은 각종 언론 및 집회의 자유를 유보하면서 이승만 정권이 내세웠던 반공이념을 국시로 정하고 갖은 방법을 동원하여 4년 간의 두 텀인 8년의 임기를 마감하였다. 원래 자신이 주도해서 만든 헌법에는 재선까지만 할 수 있도록 되어 있었다. 그러나 당선된 지 얼마 안

된 박정희는 3선 개헌을 위해 국회에 청원하였다. 교계에서는 그냥 앉아만 있을 수 없었다. 지난날 기독교 교인으로 자유당정권에 협력했던 그러한 전철은 밟지 않겠다고 다짐하고 나선 일이 공명선거추진 및 3선 개헌 반대운동이었다.

이 운동은 1967년 2월 16일 종로 한일옥에서 정일형, 한경직, 김재준, 백낙준, 전성천, 문장식 목사 등 기독교 지도자들이 모여 기독교 염광회(빛과 소금의 역할을 한다는 의미의 명칭)를 조직하고 공명선거 추진운동을 전개하였다. 언론의 자유와 양심의 자유가 헌법에 보장되어 있었지만 박정희 정권에 도전하는 그 어떠한 행동도 용납되지 않던 그때 염광회 회원들은 강연회 등 갖은 방법으로 공명선거 추진운동에 앞장섰다. 그러나 박정희 대통령은 1969년 9월 14일 국회에서 중임제도를 파기하고 3선 개헌을 통과시켰다. 이에 염광회에서는 재빨리 3선 개헌 반대운동을 꾀하면서 시민운동으로 확산시켰다. 여기에 KNCC도 성명을 발표하고 3선 개헌은 하나님의 뜻에 어긋난 일이며, 이를 강행하는 그 방법은 비민주국가임을 방불케 한다고 역설하였다. 그러나 일부 기독교 교계 지도자, 즉 보수계통에 속한 성직자들은 '대한기독교연합회'란 어용단체를 만들어 정교(政敎) 분리를 내세우면서 3선 개헌을 추진하는 박정희 대통령의 용단을 환영하는 성명서를 주저없이 발표하였다. 정교 분리가 아니라 정교가 유착할 수 있음을 암시하면서 어두운 역사를 다시 만들어 가는 길이 열려지고 있었다.

결국 국회에서는 3선 개헌을 통과시켰고, 1971년 4월 대선 때 박정희는 3선 후보로 대통령 선거에 나서면서 야당의 젊은 기수 김대중 후보와의 맞대결이 전개되었다. 박정희 대통령은 현직에 있으면서 모든 권력을 총동원하여 선거에 임하였으며 여기에 군인표까지 잠식하고 결국 3선 대통령으로 당선된 것이다.

이 일이 있은 지 얼마 안 된 그 해 10월, 그 무서운 독재의 길을 트기 위해서 10월 유신을 단행하였다. 계엄령을 선포하면서 국회는 해산되었

예장 목사 및 장로들이 모여 있는 장소에서 자유당 정부통령을 지지해 달라고 호소하고 있다(1959년 3월).

고, 학원에는 무기한 휴교령이 내려졌으며 학원마다 계엄군이 진주하면서 학생들의 동태를 파악하였다. 10월 유신을 발표한 박정희는 대만처럼 영원한 집권자가 되기 위한 총통제를 계획하고 있었다. 그렇지 않아도 이미 자유당 정권의 장기집권으로 정권이 타락하고 부정부패가 만연된 국가가 되어 가고 있었는데 이러한 정권을 계속 허락한다는 것은 있을 수 없다고 판단한 교계 지도자들은 1975년 3월 20일 서울 연동교회에서 교회 지도자 120여 명이 모여 '기독교정의구현전국성직자단'을 구성하고 유신정권에 정식으로 도전하고 나섰다.

당시 박정희 대통령은 비상조치법을 선언하고 누구든지 비상조치법에 위배되면 영장 없이 구속하는 상태였다. 그럼에도 불구하고 그 동안 유신정권의 횡포에 견딜 수 없던 수많은 성직자들이 이 일에 적극 참여하였으며 더 나아가 유신헌법이 철폐될 때까지 모든 양심세력들을 규합하여 대항하기로 하였다. 이후 1975년 5월 8일 KNCC 선교 자유 수호를 위한 결의를 다짐하고 나섰다. 이날 모임에 참석한 지도자들은 KNCC에 가입한 6개 교단에 속한 지방회인 노회장급 지도자들이 서울 수유동 크리스천아카데미에 모여 선교하다가 구속된 성직자들을 위한 석방운동을 전개하게 되었다.

또한 예장 통합측 총회에서도 선교의 침해를 받고 있는 유신헌법 및 긴급조치 철폐운동을 부르짖음과 동시에 도시산업 선교의 자유를 보장해 달라고 요구하였다. 이중 일부 성직자들이 긴급조치 제9호에 위반하였다 하여 구속당한 일이 있었다. 이처럼 긴급조치는 초헌법적인 기능을 갖고 있는 무소불능의 역할을 하였다. 이러한 악법이 현 정권에 있음을 안 통합측 총회는 일부 교계 지도자들에게만 맡기지 말고 장로교 통합측 전 교인이 기도하고 이 일에 참여할 수 있도록 알릴 필요가 있다고 판단하여 총회 임원회에서는 1975년 7월 25일 총회 임원, 교회연합위원회, 사회대책위원회, 총회 산하 30개 지방노회 노회장 등 200여 명이 서울 연동교회에 모인 가운데 총회의 입장을 발표하고 나섰다. 이처럼 강력한 요구를 받은 유신정권은 그 해 8월 15일을 기해 구속하였던 성직자들을 석방시켰다.

유신정권은 계속 저항을 받으면서도 정권을 유지하기 위해 갖은 조작을 만들어 국민과 시민을 불안 속으로 몰고 갔다. 역시 정치권에서도 계속적으로 유신철폐 운동을 전개하였다. 드디어 1979년 10월 부산과 마산에서 대규모 유신철폐 운동이 일어났다. 이 때도 유신 정권은 무자비하게 데모대를 체포하고 구타하는 등 인간으로서는 할 수 없는 일들을 자행하였다.

그런데 역사의 밤은 잠시 지나가고 광명의 새 날이 서서히 떠오르고 있었다. 1979년 10월 26일 청와대 권력 핵심자들이 청와대 안가에 모여 파티를 하다가 중앙정보부 김재규 부장의 총탄에 박정희 대통령이 사망한 것이다. 이로써 철통 같은 유신정권은 박정희의 죽음과 함께 종식을 고하였다. 당시 육군 참모총장이었던 정승화는 곧 계엄령을 선포하고 계엄령 사령관으로 입법, 사법, 행정을 장악하고 대통령 유고시 후속 조치를 취하고 나섰다. 당시 행정수반이었던 최규하 외무부 장관이 대통령 직무 권한대행을 맡았고, 박정희 대통령의 시해 사건과 관련되어 있는 모든 사건을 처리키 위해서 당시 보안사령관이었던 전두환 소장에게 모든 수사를 맡겼다.

4) 국보위 사건과 광주 민주화운동
(1) 5·18 광주 민주화 운동

보안사 사령관으로 직무를 수행하던 전두환 소장은 권력에 야심을 갖고 정승화 계엄사령관을 체포하기 위해서 정치군인들과 사전 모의를 하고 그에게 혐의가 있다 하여 그를 체포하였는데 그 과정에서 불상사가 일어났다. 이를 가르쳐 12·12 사태라고 말한다. 힘에 밀린 정승화 참모총장은 곧 체포되어 군법에 회부되있고 그의 사건은 신속히 처리되었다. 이처럼 군부를 장악한 전두환, 노태우는 장차 정권을 창출키 위해서 반대 세력들을 군부에서 축출시켰다.

이러한 과정에서 유신정권으로부터 해방을 맞이했던 민주시민 및 야당 정치인들은 전두환 소장에게 정치 일정을 밝힐 것을 주장하면서 연일 시위하였다. 1980년 '서울의 봄'을 찬미하면서 민주주의가 꽃을 피울 수 있는 날이 올 것을 희망하면서 데모대는 매일같이 거리로 쏟아져 나오기 시작하였다. 그러나 전두환 소장은 1980년 5월 18일 제주도를 제외한 전국 일원에 비상계엄령을 선포하였다. 비상계엄령이 선포된 그 날 광주에서는 대학생들이 계엄령 철폐를 부르짖으면서 거리에 나와 일부 시민들과 합세하여 계엄군과 대치하면서 그 날 밤을 지새웠다.

광주에 투입된 계엄군은 기회가 있는 대로 광주 시민 및 대학생들을 향하여 무차별 총격을 가하기에 이르렀고 이에 격분한 시민들은 그냥 있을 수 없다고 판단하고 스스로 무기고를 점령하여 무기를 손에 잡은 뒤 곧 시민군을 편성하였다. 시민군은 그들이 폭도가 아니요, 그렇다고 공산당은 더욱 아님을 확실하게 표시하기 위해서 태극기를 앞세우고 계엄군과 대치하면서 광주 치안을 담당하였다. 이 일로 광주는 외부와 완전 차단되었으며 보안사령관 전두환 소장은 투입된 계엄군의 보고를 수시로 받으면서 작전을 지시하였다. 광주에 있는 시민군은 광주 시민의 재산과 치안을 유지하기 위해서 온갖 힘을 기울였지만 중앙 언론들은 광주는 암흑의 세계가 되었으며, 빨갱이들과 폭도들이 들끓고 있다고 악선전을 하였다. 여기에 배후세력으로 김대중을 지목하고 곧 그를 체포하였으며 그와 관계된 학생, 시민, 정치인들을 모두 배후세력으로 규정하고 체포하였다.

얼마 동안 시민군의 힘에 밀린 계엄군은 광주를 빠져 나와 광주를 진격하려고 작전을 세워 놓고 있었다. 그리고 5월 22일 새벽 미명을 맞이하여 광주 외곽에서 탱크와 무장한 헬리콥터 등을 앞세우고 광주를 진격하고 나섰다. 이때 시민군은 광주 시민의 재산과 인명을 최소화하기 위해서 순순히 무기를 버리고 계엄군에게 투항하였지만 여전히 계엄군은 시민군과 일반 시민, 대학생을 적군으로 생각하여 총격을 가하였다.

이 일로 엄청난 사람이 희생이 되었으며 결국 전두환 군부의 세력에 의해 한국의 민주주의는 말살되었다.

　이 일로 김대중은 내란 음모죄란 죄명으로 군법에서 사형을 선고받았으며 이 외에 수많은 사람들이 옥고를 치르는 등 뼈아픈 역사를 만났다. 이 일로 민주주의를 외치다가 생명을 잃은 광주 시민들이 수없이 많았다. 이들의 죽음을 그냥 지나칠 수 없어서 계엄군에 의해 희생된 시민들은 간략한 장례 절차를 마치고 버려진 광주시 외곽에 있는 망월동 공동묘지에 안장되었다. 그 후 문민정권 김영삼 대통령이 들어서면서 '광주 5·18 폭도사건'이 '광주 5·18 민주화 운동'이라는 이름을 갖게 되었다. 버려진 망월동에 묻혀 있던 시신들은 새롭게 5·18 묘역이 조성되면서 모두 이 곳으로 안장되었다.

　1980년 5월 18일 광주에서 일어난 '광주 5·18 민주화 운동'으로 인하여 희생된 사람은 아직도 그 명단을 다 파악하지 못하고 있다. 더욱이 전두환 군부 세력에 의해 희생된 수많은 광주 시민들은 보상도 받지 못한 채 남아 있다.

　대통령 권한 대행으로 있던 최규하는 이름뿐인 대통령이었다. 교계의 반발을 최소화하기 위해서 1980년 5월 보안사 내에 있던 문만필 군목은 교계 지도자들을 롯데 호텔로 초청하여 전두환 국보위원장을 위한 조찬기도회 자리를 마련하였다. 여기에는 개신교 각 교단 지도자들이 대거 참여하였으며 사회는 문만필 군목이 맡았다. 기도는 성결교회의 정진경 목사, 설교는 장로교회 한경직 목사 등 교파를 배열하여 순서를 맡게 하였다.

　이러한 사실이 각종 매스컴을 통해 흘러 나가자 마치 전두환 위원장을 한국 교계가 지지한 것처럼 선전하고 있었다. 그 후 전두환 국보위원장은 유신헌법과 비슷한 헌법을 만들고 그 헌법에 의해 서울 장충동 체육관에서 1980년 8월 27일 반대 없이 단일 대통령 후보로 출마해 제5공화국이 출범되었다. 전두환 대통령은 광주의 수많은 시민을 학살하고도 결국 정권을 장악했지만 광주 및 다른 지역에서는 조금도 굴하지 않고 꾸준하게 민주화 운동이 일어났다.
(2) 광주 민주화 운동과 교회의 역할
이미 앞에서 밝힌 대로 광주5·18 민주화 운동은 기독교인과 광주시민을 구별해서 생각할 수 없는 하나의 민주화를 열망하는 모든 기독교인을 포함한 시민 하나의 공동체 운동이었다. 유신독재와 투쟁해 왔던 광주기독교교회협의회를 비롯하여 광주기독청년연합회, 기독교농민회, YMCA, YWCA, 여기 단체에 속한 회원들은 모두 기독교 교인들이었다. 때마침 전남대, 조선대 학생들이 중심이 되어서 계엄령이 선포 되었을 때에 일반 시민과 함께 시민군으로서 공수부대와 대결하기에 이르렀다.

시민군과 공수부대가 격돌하자 살상자가 속출하게 되었으며, 광주교계에서는 그냥 넘길 수 없어서 5월 19일 목사들은 즉시 광주제일교회에 모여 한완석 목사의 사회로 기도회를 갖고 기도회가 끝나자 곧 수습위원회를 조직하였다. 한완석 목사가 초대 위원장직을 맡았으며(그 후 김신근 목사, 강신석 목사 등이 차례로 수고하였다.) 당시 전남 노회장이었던 이인국 목사가 총무직을 맡아 기도회를 가졌다. 기도회가 끝나자 곧 부상 당한 군경 및 일반 시민과 학생들을 위로하였으며, 공수부대가 총칼을 휘두루고 지나간 자리마다 시체들이 널려 있었다. 이때 수습위원들은 손수레를 동원하여 길거리에 널려 있는 시신 400구를 도청 옆 건물에 있는 상무관에 옮기고 광주시내에 있는 모든 장의사를 샅샅이 뒤져 관 400여 개를 구입하여 상무관으로 이동하고 그 곳에서 관마다 입관을 시키고 유족이 자신의 가족이라는 것을 확인할 때까지 관을 닫지 않고 기다리면서 시신을 지키는 일을 하였다. 일부 군인들이 발견한 시신은 모두 군용차량에 실려 어디론가 갔지만 그 숫자에 대해서는 아직도 밝혀지지 않고 있다.

계엄령이 선포되어 곧 공수부대가 계엄군으로 광주에 진주하여 무차별한 구타와 착검을 휘두르자 갈 만한 집을 찾지 못하던 시민 학생들은 가까운 교회나 성당에 숨기도 하고 얼마 동안 교회 내에 숨어 있을 때 여전도회원들의 뒷바라지로 머물 수 있었다.

그러나 공수부대원이 광주를 철수하자 다시 거리는 시민군으로 가득 매워져 있었으며, 이때 여전히 각 교회 여전도회원들이 릴레이식으로 도시락을 만들어 그들에게 제공했던 일도 있었다. 공수부대가 철수하고 시민군이 도청 무기고를 접수하고 지키고 있을 때에 이 무기고는 각종 TNT, 수류탄 등 폭팔물이 가득 자리를 메꾸고 있었다. 만일 이 무기고를 지키지 않으면 시민군과 공수부대원들의 엄청난 생명의 손실이 있을 것을 염려하여 스스로 조를 조직하고 제일 연장자인 호남신학대학 재학생인 문용동 전도사 책임하에 총기류를 관리하였다. 이 무기고를 지키던 문용동 전도사는 공수부대가 도청에 진입한다는 말을 듣고 상무관에 장치되어 있던 TNT나 수류탄이 폭팔을 하게 되면 시민군과 공수부대원의 엄청난 생명의 희생될까봐 이들은 무기고를 지키게 하고 상무대 부대에 들어가 뇌관을 분리할 수 있는 문관 1명과 함께 도청으로 안내해 일일이 뇌관을 분리작업하는 데 성공하였다. 그러나 불행하게도 공수부대가 재차 광주에 진입하자 모두들 자수하고 있을 때 문용동 전도사는 어느 군인이 쏜 총에 쓰러지는 비극을 만나고 만다.

　광주를 지키고 있던 시민군들은 공수부대의 기습적인 반격으로 피할 수 있는 길은 없었다. 또다시 교회로 피신해서 교인들의 따뜻한 대접을 받고 광주시가 완전히 회복될 때까지 저항의 움직임은 각 지방으로 확산되었지만 마지막 종교 지도자들이 서로 총칼을 버리고 살아 남아야 한다는 뜻을 모아 각 지방은 점차로 수습되었다. 광주가 다시 공수부대의 지배하에 들어가게 되자, 스스로 도청을 지키고 있던 시민군들은 자폭하지 말고 남아서 마지막 역사의 산 증언자가 되기로 하고 모두 투항을 하게 되었다. 이러한 과정에서도 많은 희생자가 발생하였다.

　5·18 광주 민중항쟁 소식을 접한 전국 교회는 이들을 위로하고 격려해 주기 위해서 각 교회나 기도회를 갖고 헌금까지 보내 주었으며, 또한 총회에서는 1980년 5월 28일 박치순 부총회장, 김종대 증경총회장 등은 총회를 대표해서 현지 광주에 도착하여 총회장 조원곤 목사(광주양

림교회), 증경총회장 한완석 목사(광주제일교회) 등을 면담하고 양 교회에서 삼일기도회에 참석한 교인들과 함께 예배를 드렸다. 이들은 현지에서 조직된 기독교광주사태구호위원회(회장 한완석 목사)가 모인 자리에서 금일봉을 전달했으며, 이어 광주기독병원을 방문 부상자들의 고통을 함께 나누면서 기도회를 갖고 역시 금일봉을 전달하고 귀경하였다. 이들은 5월 30일 서울 연동교회에 서울지역 교역자들이 모인 가운데서 간략한 보고하고 6월 1일 주일은 광주민주화를 위한 희생당한 이들을 위해서 일제히 기도하라고 모든 교회에 알리기도 하였다.

1년이 지난 1981년 5·18추모 1주기를 맞이하여 도청 앞에 자리잡고 있는 YWCA 강당에서 30여 명이 모여 추모예배를 드렸으며, 이때 호남신학대학 학생 10여 명이 출석하였다. 이때 조아라 장로는 "내가 죽어야 하는데 살았다"면서 몇 번이고 눈물을 흘리면서 그 때의 상황을 설명하고 1주기 추모예배를 지키었다. 또한 이 무렵 호남신학대학 교정에서 5·18 사진 전시회를 개최하고 매년 5월이 되면 광주를 비롯해서 외국 사진기자들이 촬영했던 영상물이 국내에 유입되어 각 교회마다 방영하게 되었다. 또한 부산기독교 교회협의회 인권위원회(위원장 : 최기준 목사) 주최로 광주 5·18 추모 2주기 기념집회를 청년회중심으로 1982년 5월 18~19일 부산 항서교회에서 가졌으며 기동경찰이 교회주변을 포위했고 주강사인 고영근 목사가 연행되어 서울로 압송되는 사태가 발생하였다. 광주 5·18 민주화가 얼마나 많은 십자가를 지고 망월동 공동묘지를 올랐는가를 생각할 수 있는 좋은 기회가 되었으며, 이것이 하나의 기폭제가 되어 6·10항쟁으로 다시 문민정부를 세우고 역사를 바로 세우는 일에 큰 힘이 되었다.

이후 5·18 광주민주화 운동이 기점이 되어 1993년 2월 김영삼 문민정부가 탄생하게 되었으며, 1998년 대한민국 정부가 출범한 이후 처음으로 1998년 2월 수평적 여야 정권이 교체되어 김대중 국민의 정부를 탄생시켰다.

이상과 같이 역사적인 배경을 알았던 1995년 제80회 9월 총회에서는 5·18 관련자 기소 촉구를 위한 총회 총대 서명운동과 전국 교회가 이에 대한 서명운동을 적극적으로 참여하기로 결의를 하였다. 한편 인권위원회(위원장 문장식 목사)에서는 1995년 5월 매년 5월 18일을 전후해서 총회 인권위원회 주관으로 '5·18 광주민주화 운동' 기념 예배를 5·18 광주민주화운동기념공원에서 실시하고 있다.

5) 6·10 항쟁과 민주화운동

제5공화국의 대통령 전두환은 비록 장충단 체육관에서 선출된 대통령이었지만 정통 시비로 인해 항상 민주화를 열망하는 시민과 대학생들의 저항과 부딪혔다. 그는 단임제로 헌법이 정한 7년(후에 5년) 간의 임무를 마치고 다음 세력가로 알려진 노태우에게 정권을 물려 주기 위해 갖은 수단과 방법을 가리지 않았다. 전두환 대통령은 자신의 임기 7년이 끝나면 역시 장충단 체육관에서 대통령을 선출하려고 1987년 4월 13일 호헌을 발표하였다. 그 동안 많은 교계지도자들, 학생들, 시민들이 대통령을 직선제로 할 것을 요구하였지만 그 요구사항이 거절되자 야당 정치인 및 시민 학생들은 4·13 호헌 철폐를 위한 각종 모임을 갖게 되었다.

1987년 5월 장로교 통합측 총회에서는 4·13 호헌조치 철폐를 위해 총회장 장동진 목사는 목회 서신을 전국 교회에 발송하고 6월 7일 나라를 위한 기도회를 갖도록 간곡하게 부탁하였다. 이러한 공문이 나간 지 얼마 안 된 6월 10일 서울에서는 시민 및 야당 정치인, 대학생, 일반 시민들까지 총동원되어 4·13 호헌철폐 운동을 대대적으로 전개하였다. 이 일로 명동을 중심으로 서울 시청 앞, 을지로, 광화문 전 거리가 민주주의를 열망하는 시민들로 가득 메워졌다. 워낙 시민들의 저항이 강하자 엄청난 양의 최루탄을 쏘며 위협하던 경찰도 더 이상 힘을 쓰지 못하였다. 이 운동은 전국 대도시 및 중소도시에까지 전개되었다. 이 날이 바로 그 유명한 '6·10 항쟁의 날'이며 이를 기점으로 더욱 호헌철폐 운동은 강하게 일어나게 되었다.

한편, 1987년 6월 22일부터 23일에 4·13 호헌철폐 및 구속 성직자 석방을 위해 예장 통합측은 총회 인권위원회 주관으로 서울 새문안교회에서 모임을 갖고 기도회를 시작하였다. 기도회를 마친 목회자들은 태극기와 교단기를 앞세우고 손에는 소형 십자가와 촛불을 들고 질서 정연하게 종로 5가 한국교회 백주년까지 가두 시위하려고 시도하였지만 경찰의 최루탄 방어로 진출하지 못하였고, 박준식 목사(전남노회) 등 23명은 최루탄 파편으로 부상을 입었으나 다시 새문안교회로 돌아와 그 다음날 아침까지 철야 기도회를 갖고 아침에 각기 섬기는 교회로 돌아갔다. 이와 같은 강력한 저항을 받은 전두환 정권은 차기 실권자가 될 민정당 대표인 노태우가 1987년 6월 29일 4·13 호헌을 철폐하고 대통령 선거는 직선으로 하겠다고 발표하였다. 이때 모든 매스컴 및 일반 시민들은 민주주의의 승리를 기뻐했으며 많은 성직자들도 민주주의를 후손들에게 물려줄 수 있게 되어 좋아하였다.

6) 여권신장과 여성안수

한국에 기독교가 전래되면서 남성 사회로부터 여성을 해방시켰던 일은 미국 선교사들의 힘이 참으로 컸다. 이미 선교사가 주둔하고 있던 곳은 의례 남녀 미션 스쿨을 설립하여 남학교는 남자 선교사가 중심이 되어서 운영을 하였으며, 여학교는 여자 선교사가 책임을 맡아 여성교육을 시키었다. 이러한 역사적 배경 속에서 여성 해방운동이 전국 교회에 전파되면서 교회마다 여성의 숫자가 점점 많아졌으며, 여성들의 성미운동으로 교역자의 양식을 전적으로 책임을 지고 있었던 것도 여성의 역할이 얼마나 컸는가를 알 수 있다.

여기에 여성교육과 권익을 향상시키기 위해서 겨울 농한기를 이용하여 여자 사경반을 운영하면서 여자 선교사들이 여성에게 필요한 교육을 실시하기도 하였다. 자연히 여자 교인들이 많아지자 여성 교역자가 필요하게 되어 전도부인(여전도사) 제도를 도입하여 남자 교역자를 협력하기도 하였으며, 단독으로 교회를 맡아 충실하게 사역하기도 하였다. 그 후 여성의 역할로 개 교회가 크게 성장함을 느꼈던 선교부에서는 각 도시마다 여성을 위한 성경학교가 설립되면서 여자전도사는 해가 갈수록 그 숫자가 많아지기 시작하였다. 여기서 배출되었던 여성들이 개 교회에서는 일반 신도로서 교회학교 장년반, 유년부 교사로도 활동하였으며, 여전도회에 직접 참여하여 민주주의 훈련을 배우면서 여성 해방의 고마움을 늘 주께 감사하면서 신앙을 지키어 왔다.

교회 내에서 여성의 중요성을 느꼈던 경안노회에서는 1932년 9월 평양 창동교회에서 모이는 제21회 총회에서 질의를 하였다. "미국 북장로교회에서 여장로 세운 일에 대하여 한국교회는 어떻게 할 것인가에 대한 질의가 있었다" 이때 총회에서는 본 총회 헌법에 여장로를 세울 수 없다고 일축해 버린 일이 있었다.

그 후 이 문제가 어느 새 확산되면서 1933년 9월 평북 선천남부교회에서 모인 제22회 총회에서 여전도회 함남노회연합회 회원 103명은 서명을 받아 여성안수 청원을 위한 헌의문을 총회에 제출하였다. 총회에서는 남성들의 교권의 힘에 밀려 토론도 하지 못하고 헌의부에서 아예 묵살당하고 말았다. 이러한 사실을 알았던 함북 성진중앙교회 김춘배 목사는 당시 「기독신보」에 "장로교회 총회 올리는 말씀"이란 내용으로 공개서한을 발표하였다. 이 글이 문제가 되었다 하여 총회에서는 조사위원회까지 조직하고 해 노회로 하여금 징계를 가하도록 하였지만 이를 묵살해 버린 사건이 있었다. 당시 여성이 교회에서 차지하는 비율이 75%나 되었다면 여성이 한국교회 성장에 얼마나 큰 공헌을 했는가를 단적으로 말해 주는 부분이다.

그러나 해방을 맞이하면서 여전노회가 재건되고 다시 힘을 보아 1946년 여전도회 전국연합회의 명의로 '여장로 청원서'를 제출하였다. 그러나 이때 총회에서는 반대할 만한 이유를 찾지 못하고 통일될 때까지 보류한다고 부결을 시켰다. 여전도회에서는 통일이 올 때까지 마냥 기다릴수 없어서 여장로에 대한 타당성을 홍보하기에 이르렀으며, 1961년부터 매년 총회에 헌의를 하였다. 헌의할 때마다 연구위원회를 구성해 놓고 지연 작전을 계속해 오다가 1978년 제63회 총회시 여성안수건이 정식으로 총회에 상정되었다. 총투표수 405표 중 가표가 197, 반대표가 208표, 11표 차로 부결되었다. 이때 6표만 더 얻었으면 과반수를 획득하여 여장로 안수 문제는 해결될 뻔했는데 좋은 기회를 놓치고 말았다.

그러다가 이 문제를 여전도회 전국 연합회에게만 맡길 것이 아니라 당사자인 여교역자도 이에 합세해야 한다면서 1988년 6월 26일 경기도 양평에 있는 여교역자 안식관에 1천여 명의 여교역자들이 모여 "성령의 은사에 따라 목사로서 사역에 참여해야 한다는 강한 의지를 갖고 여성 안수문제에 대한 결의문을 채택한 일이 있었다. 과거는 여성 장로에만 국한하였지만 이제는 여성 목사 문제까지 대두되면서 여전도회와 여교역자회가 연대하여 여성안수 문제를 학문적으로 연구하고 한국의 인권 문제와 민주화의 여세를 몰고 1994년 9월 제79회 총회에서 "여성 안수 허락해 달라는 건은 본회에서 찬반토론 없이 투표하여 총 투표수 1,321(과반 661표), 찬성 701표, 반대 612표, 기권 8표로 가결하다" 이로서 총회에 여성안수 청원을 시작한 지 62년만에 여성안수가 가결되는 순간 모두 다 감격스러운 마음으로 이를 받아들였다.

그 동안 많은 여전도회 회원들과 여교역자회 회원들 그리고 신학교에 재학하고 있는 여신학생들과 함께 연대하여 총회 안에서도 여성 차별을 철폐하고 여성의 인권을 존중하는 교회 내의 민주화를 일구어냈다. 이로서 헌법의 남성 중심의 조항을 개정하고 남녀가 공존하는 헌법이 개정되었다. 이 일로 1996년 4월 28일 서울노회에서 첫 여성 장로가 탄생하게 되었다.

여성 목사 안수는 1996년 9월 80회 총회에서 77명이 합격하는 역사가 일어났다. 이 합격자들 중 경남 울산노회에서 1996년 10월 8일 박진숙 전도사가 목사안수를 받은 것을 시작으로 19명의 첫 여성목사가 탄생하게 되었다. 이때 각 노회에서는 개 교회나 기관에서 안수 청빙이 오면 여성목사 안수하는 일이 해가 갈수록 많아져 2001년 4월 현재까지 246명이 목사 안수를 받고 각 교회, 각 기관에서 하나님의 사역자로서 최선을 다하고 있다. 여성 장로도 2001년 4월 말 현재 100여 명이 된다.

그런데 과거 여전도사로서 명칭을 갖고 사역을 할 때는 많은 교회들이 부교역자로 청빙을 하고 남성 담임목사와 함께 사역에 임하면서 여성 신도에 특별한 관심을 갖고 그들을 양육했는데 이제는 남성목사 일색으로 자리를 바뀌고 있다. 그러나 여신도들을 심방하거나 상담을 할 때는 남성 교역자보다는 여성 교역자가 훨씬 사역에 좋으리라고 생각된다. 지금까지 한국 교회 성장은 여교역자들의 심방과 상담을 통해서 이루어진 공헌이 크다고 할 수 있다. 여신도들이 교회 전체 교인들의 3/4을 차지하고 있는 것을 보아도 알 수 있다.

그러나 여전도사들이 정규 신학대학 과정을 이수하고 총회가 정한 목사고시에 당당하게 합격을 하고 목사안수를 받았지만 여성목사를 기피하는 현상이 있다. 그러나 세계의 추세는 물론 한국도 성별 차별 없이 민주화로 가는 과정에서 일정부분 부목사를 여성에게 자리를 마련해 주어야 하며, 노회에서도 특별히 배려하여 총회 총대를 선출할 때도 남자만 독식하는 그런 생각을 버리고 일정한 부분의 숫자를 정해 놓고 여성목사, 여성 장로도 총회 총대로 선출해 보냈으면 한다.

이미 국민의 정부에서는 여권신장을 위해서 여성부 장관이 생겨 나고 각처에서 여성의 전문직을 살려서 각계 각층에서 사역할 수 있도록 배려하고 있다. 총회도 앞으로 각부 중 여성 총무도 나오고 행정부나 어느 부서를 막론하고 일정한 비율을 인사에 반영을 했으면 한다. 여기 각 노회에서 매년 선출하는 총회 총대도 여성 목사, 여성 장로 총대로 얼마의 비율을 배정해서 남녀 총대원이 공히 총회를 개회했으면 하는 바램이 간절하다.

여장로 임직 및 피택 감사예배에 초청된 5명의 장로 (1996. 4.) 좌로부터 여장로 안정옥(안양노회 신성교회), 박숙란(서울, 안동), 이연신(용천, 경민), 정희경(강남, 현대), 김영자(영등포, 갈릴리)

김화자, 문정자, 손은경, 고혜신, 박청자, 김예식, 송금주, 엄순희, 정태효, 김영혜, 박진숙, 최경순, 이순남, 이혜희, 이혜선, 박후임, 이혜순, 오효강, 우문희(이름은 기수별로 정리된 것임)

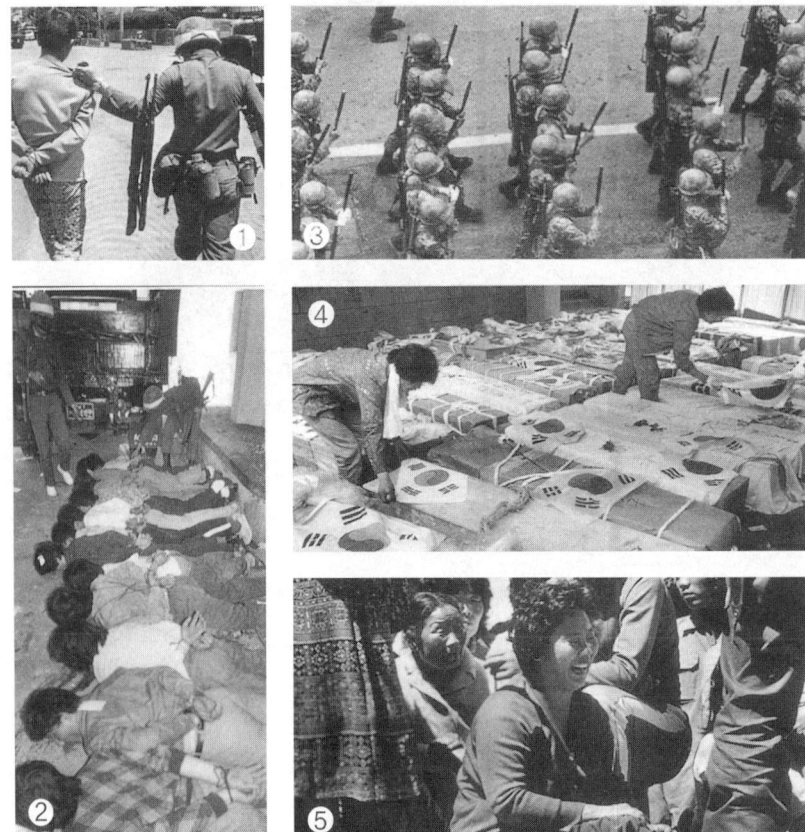

❶ 5·18 민주화운동을 부르짖다가 군부에 의해 끌려간 어느 시민. 그 후 어떻게 되었을까?
❷ 한때 폭도로 몰렸던 시민과 학생들이 길바닥에 누운 채 기압을 받고 있다.
❸ 광주에 진입한 공수부대 군인들
❹ 5·18 민주화운동을 부르짖다가 군부의 총에 살해된 시신을 유족이 망월동에 안장하기 위해서 입관하고 있다. 이때 희생된 시신 129구는 모두 망월동에 안장되었다(1980년 5월 18-22일).
❺ 시신을 앞에 두고 오열하는 유족들

6. 한국교회의 성장과 민주화운동 ◆ 187

필자의 강의를 수강했던 장신대 신대원생들이 1990년 10월 31일 역사탐방차 광주 망월동 묘지에서 추모기도회를 갖고 있다.

1980년 5월 18일 신군부에 저항하면서 일어난 5·18 민주화운동이 뿌리내리면서 1995년 5월 16일 광주 5·18 민주화운동 추모기도회가 총회인권위원회(위원장 문장식 목사) 주최로 광주 망월동 묘지에서 거행되었다. 그 후 매년 추모기도회를 갖고 있다.

총회 사형제도폐지위원회는 인권위원회의 청원으로 1990년 총회의 결의로 조직되었으며, 개신교 회에서는 유일한 위원회로 활동하고 있다. 그 후 KNCC 내에 사형제도폐지위원회가 조직되었다. 총회 내에 사형제도폐지위원회가 조직 발족되면서 1991년부터 매년 정책협의회를 개최하였다. 2000년 7월 10일에 사형제도폐지위원회 주최로 정책협의회를 개최하였다. 좌측으로부터 논찬자 및 토론회 사회자 김수진 목사, 강사 김일수 교수, 논찬자 이상혁 변호사, 허일태 교수, 오찬호 사무국장, 문장식 목사

총회 사형제도폐지위원회 일동. 좌측부터 문장식 목사, 노정렬 목사, 김수진 목사, 이명남 목사, 정만호 장로, 이점용 목사, 김태규 목사, 김종우 장로, 김정웅 목사 (2000년 7월 10일)

7) 세계로 향하는 한국교회

2005년이 되면 총회는 교단 창립 93주년이 되는 해이다. 93년의 역사를 갖게 되는 대한예수교장로회는 수난과 탄압, 분열의 아픔 속에서도 오직 부활하신 주님을 바라보면서 큰 교단으로 성장하였다. 한국 개신교회에서 대표적인 3개 대교단을 말하라고 하면 먼저 주저없이 예장 통합측을 말하고 이와 함께 합동측 총회, 개신측 총회를 말한다.

매년 9월이 되면 교단 정기총회가 모이지만 아직도 비민주화의 요소가 너무나 많으며 총회는 총회장을 선출하는 것으로 그 소임을 다하는 것처럼 느끼는 총대가 많아 아직도 민주주의의 참뜻을 모르는 듯하다. 다시 말해 장로교회 정치원리를 이해하지 못하고 있는 지도자가 너무나 많다. 그리고 교단의 수장을 선출할 때마다 부정한 방법으로 선출되었다는 뒷이야기가 꼬리를 물고 이의가 제기되고 있다. 그러나 수많은 교인들은 교단 총회가 깨끗하게 그리고 성숙하게 모든 일이 잘 진행되어지기를 간절히 바라고 있다.

예장 통합측 총회는 2004년 9월 현재 62개 노회로서 교회수는 6,978개, 교인수는 2,395,323명, 목사는 10,950명, 장로는 20,301명이다. 교단 총회 상임부서로는 교단 본부로서 행정부를 비롯해서 국내선교부, 교육자원부, 사회봉사부, 세계선교부, 100주년기념관 사무국, 한국기독공보사, 자선사업재단, 연금재단, 한국장로교출판사, 남북한선교통일위원회 등으로 각부 각 위원회마다 총무 및 사무처장, 사무국장, 사장 등 다양한 명칭을 갖고 교단이 해야 할 사업과 실무를 맡아 운영해 가고 있다. 2004년도에는 총회총무제도를 사무총장제도로 도입했다.

이중 세계 선교사로 파송하고 있는 본 교단에 소속된 선교사는 395가족이 80개국에 702명이 사역에 임하고 있다. 이 가운데는 장기(78개국, 328가정, 617명), 단기(23개국, 30가정, 46명), 견습(19개국, 35명) 선교사 등이 나가 있다. 장기는 선교 기간이 3년 이상이며, 단기는 3년 이내, 견습생은 1년으로서 신학생들로 구성되었다. 이처럼 702명이 전 세계를 향해 선교사역에 임하고 있다. 이들은 해외에 나가 있는 500만 명의 동족에게 복음을 전함과 동시에 타민족에게도 복음을 전파하고 있다.

또한 세계 교회와도 깊은 유대를 갖고 협력해 가고 있다. WCC(세계교회협의회), EACC(동남아기독교협의회), WRCA(세계개혁교회연맹), CWM(세계선교협의회) 등과도 관계를 맺고 있다. 그리고 가까운 일본 기독교단을 비롯하여 재일대한기독교, 대만 기독교장로교회, 태국 기독교회, 멀리는 미국 장로교회, 미주 한인장로교회, 미국 개혁교회, 캐나다 장로교회, 브라질 장로교회, 네델란드 개혁교회, 독일 서남지역교회, 스위스 개신교회연맹, 체코 형제개혁교회, 스코틀랜드 교회, 인도 마토마 교회, 북동인도 장로교회, 인도네시아 주예수그리스도교회, 가나 복음장로교회, 가봉 복음교회, 자이레 킨샤사장로교회, 뉴질랜드 장로교회 등 21개 교회와도 깊은 유대를 갖고 있다.

교단 총회가 직접 운영하고 있는 대학은 7개의 신학대학교(장로회신학대학교, 호남신학대학교, 한일장신대학교, 영남신학대학교, 서울장신대학교, 부산신학대학교, 장로회대전신학대학교)와 5개의 종합대학교(연세대학교, 숭실대학교, 한남대학교, 계명대학교, 서울여자대학교)가 있다. 교단 내 노회와 유대를 갖고 있는 전문대학도 6개(계명문화대학, 서해대학, 광주보건대학, 기전여자대학, 예수간호대학, 포항선린대학)나 있다. 각 지방에 있는 중고등학교도 23개나 있으며, 지방 성서신학원도 30개나 된다. 7개의 자선사업 단체와 7개의 종합병원(대구 동산의료원, 안동 성소병원, 전주 예수병원, 광주 기독병원, 부산 일신기독병원, 포항 선린병원, 실로암병원)도 교단 총회에 속해 있다. 또한 교회연합 사업기관으로는 KNCC(한국기독교교회협의회), CCK(한국기독교총연합회), CLS(대한기독교서회), KBS(대한성서공회), KSCF(한국기독학생연맹), KCCE(대한기독교교육협회), CBS(기독교방송국), 기독교텔레비전 등이며 여러 기관에 이사를 피송하고 있다. 이러한 사항을 살펴보면 한국 개신교회 중 통합측 교단이 얼마나 중요한 위치에 있는가를 역력하게 파악할 수 있다.

한국교회의 장자교단으로서 그 위상이 확립되었지만 사회 각계각층이 새로운 바람을 일으키면서 개혁 및 구조조정을 앞장서고 있는 이 시점에 통합측 총회 또한 그 방대한 총회기구를 하루속히 개혁해야 한다는 여론이 대두되고 있다. 매년 9월이 되면 모이는 총대수는 세계 어느 교단에서도 찾아볼 수 없을 정도인데 1,500명의 총대가 한 자리에 모여 총회를 한다. 향후 총회 총대수는 1/3로 줄이고 여기에 전문직까지 포함해서 500명선으로 총회 총대수가 구조 조정되어야 한다고 생각한다. 이렇게 조정되면 총회장을 선출하는 데도 투명성 있게 진행되어 그 누구도 이의를 제기하지 않고 참으로 잘 선출되었다는 말을 들을 수 있을 것이다. 또한 총회의 기구도 대폭 노회로 이양되어 지방화 시대를 열어 가는 이 시점에서 노회의 인적 자원과 재정력을 강화하고 총회의 정책과 노회의 사업이 효율적, 능률적으로 성취될 수 있도록 함께 걸어갈 수 있었으면 한다.

8) 21세기와 기독교교육의 반성과 전망

총회교육부는 한국 근대화 과정에서 한 몫을 담당해 냈던 역사를 갖고 있다. 총회교육부에서 발간했던 장년부, 유년부 교재는 항상 출애굽의 사상을 고취시키면서 하나님은 한국을 일제로부터 해방시킨다는 그 사실을 마음속 깊이 간직하고 있었다. 그래서 교회학교 장년부에서는 한글을 모르는 부녀자들을 따로 모아 놓고 야학운동을 통하여 한글을 가르치고 한글을 읽게 되면 학습세례를 받고 장년부에 가서 장년공과를 공부할 수 있게 하였다.

해방을 맞이하면서 총회교육부의 일은 더 많아졌다. 총회교육부에서 발간하는 공과 내용 중 예수의 사랑을 가르칠 때는 원수까지 사랑하고, 용서는 일흔 번씩 일곱 번을 하라고 했는데 그 말씀은 실천에 옮기지 못하고 말았다. 미소의 강대국의 냉전체제 속에서 동족을 미워하면서 살아 왔기 때문이다. 더욱이 군사 쿠데타에 이어 유신과 5공, 6공에서는 이데올로기의 노예로 살아온 것이 우리의 자화상이었다. 그래서 평화통일에 관한 교육교재만 나오면 항상 문제시되었다.

　이제는 우리 총회도 성숙해지면서 21세기를 바라보고 지난날의 잘못을 반성하고 새로운 비전을 제시해야 할 때라고 생각한다. 그래서 총회 교육부에서는 1998년에 총회(대회장 : 박종순 총회장)가 주최하고 교육부(준비위원장 : 유경재 목사, 최기준 목사)가 주관하여 "21세기와 기독교교육—반성과 전망"이란 주제로 1998년 8월 18일부터 20일까지 장로회신학대학교에서 전국에 흩어져 있는 각급 교회교육 담당교역자(목사, 전도사), 각급 교회학교 교사 1천여 명이 모여 주제강사로 나선 김형태 박사(연동교회 원로목사), 이원설 박사(전 한남대학교 총장) 강연을 들었으며, 심포지엄을 위한 강사로 오인탁 박사(연세대 교수) 등 10여 명의 교수들과 30여 명의 강사들로 구성된 워크숍에 참여하면서 과거의 잘못된 것을 깨닫고 새로운 21세기를 준비하자는 마음의 결심을 갖게 되었다. 그래서 21세기에는 교회학교 교육이 살아야 교회가 살아남을 수 있다는 것을 보여 주었다.

　기독교교육대회 취지에 나타난 대로 "오늘날 우리 사회가 병들고 우리 교회학교가 침체되어 가는 원인들을 분명히 진단해야 한다. 뿐만 아니라 21세기는 정보화시대(멀티미디어 환경), 지구화시대(세계화)로 변해 가면서 필연적으로 개방시대가 되고 있으며, 국내적으로는 남북화합의 통일시대가 될 것이다. 그러므로 우리는 이러한 21세기 변화를 염두에 두고 교회교육의 방향과 역할을 새롭게 전망하여야 한다. 이 새로운 기독교교육적 전망과 실천을 통해 21세기의 한국교회는 교회교육의 활성화와 함께 바람직한 성장의 역사를 이루어 갈 수 있을 것이며, 한국사회를 새롭게 할 수 있을 것이기 때문이다." 지난날의 잘못된 고정관념을 과감하게 벗어 버리고 새로운 21세기에는 정보화시대, 지구화시대, 남북화합의 통일시대를 이끌어 가는 교육이 요청된다.

　그래서 이 대회의 주제성구를 1) 예수께서 가라사대 네 마음을 다하고 목숨을 다하고 뜻을 다하여 주 너희 하나님을 사랑하라 하였으니 이것이 크고 첫째되는 계명이요, 둘째는 그와 같으니 네 이웃을 네 몸과 같이 사랑하라 하였으니(마 22 : 37-39), 2) 오늘날 내가 네게 명하는 이 말씀을 너는 마음에 새기고 네 자녀에게 부지런히 가르치며 집에 앉았을 때에든지 길에 행할 때에든지 누웠을 때에든지 일할 때에든지 이 말씀을 강론할 것이며 너는 또 그것을 네 손목에 매어 기호를 삼으며 네 미간에 붙여 표를 삼고 또 네 집 문설주와 바깥문에 기록할지니라(신 6 : 6-9)라고 정하였다.

그래서 "하나님을 사랑하라 이것이 크고 첫째되는 계명이요, 둘째는 그와 같으니 네 이웃을 네 몸과 같이 사랑하라"라고 한 이 말씀을 부지런히 가르쳐 앞으로 다가오는 정보화시대, 지구화시대, 남북화합통일시대를 맞이할 교육이 필요하다고 역설하고 있다. 모든 강사들이 "21세기와 기독교교육-반성과 전망" 주제에 맞추어 열변을 토하였다. 이러한 취지는 목표에서도 분명히 강조되고 있다. 1) 20세기의 기독교교육이 교회와 사회에 끼친 영향을 분석, 반성하고 21세기를 위한 기독교교육의 전망의 근거로 삼는다. 2) 21세기의 변화(정보화시대, 통일시대, 지구화시대) 속에서 교회를 활성화시키고 사회를 바르게 이끌어 갈 기독교교육의 방향을 제시한다. 3) 21세기의 교회와 기독교교육의 다양한 현장(가정, 학교, 사회, 문화)에서 실천할 바람직한 기독교교육 전략을 구축한다. 4) '98기독교교육대회 기간을 통하여 참가자들이 21세기의 새로운 교육모델과 방법들을 직접 체험해 보도록 한다. 5) '98기독교교육대회 기간에 발표되고 제시된 교육전략, 교육모델, 교육방법들을 전 교회적으로 확산시켜 나간다. 이상과 같은 목표하에 1천여 명의 참가자들은 이미 21세기를 맞이하여 각자 처해 있는 일터와 교회에서 이를 실천하기 위해서 노력하고 있다.

또한 전국장로회청년연합회(이하 장청)가 주관이 되고 총회교육부가 주최가 되어 1999년 8월 3일부터 5일까지 장로회신학대학교에서 전국 각 교회 청년회 회원, 청년회 지도교역자 등 8백여 명이 모여 "21세기와 기독청년"이란 대회 주제를 갖고 주제강연을 김용복 교수(한일장신대 총장)가 맡았으며, 이종록 교수(한일장신대 교수) 등 15명의 강사가 강연하였다.

장청에서는 목적을 이렇게 설정하였다. "21세기에 한국교회의 주역이 될 청년들의 신앙과 영성을 개발하고 사기를 진작시키며, 기독 청년으로서의 자기를 확인하고 사명을 깨달아 그리스도와 복음과 교회의 역군으로서 나아갈 길과 방향을 제시하는 데 있다." 다시 목표로는 "1) 기독 청년들의 신앙의 힘을 결합시키며, 진리와 성령이 충만한 가운데 복음과 선교의 비전을 갖게 한다. 2) 한국교회의 청년목회를 새로운 관심과 방향과 안목을 갖게 한다. 3) 지 교회 청년회의 활성화를 위한 촉발점이 되도록 모델을 제시한다. 4) 21세기를 맞이하여 청년의 나아갈 길을 신앙과 생활의 실천방안을 제시한다."라고 하였다.

청년들은 장차 한국교회를 이끌고 갈 지도자들이다. 그런데 많은 기독 청년들이 교회를 멀리하면서 교회를 떠나고 있다. 이러한 시점에서 이 대회는 청년회가 나아갈 방향을 분명히 제시하려고 노력하였다. 지금은 21세기를 향한 청년들의 나아갈 길을 위한 다양한 목회 프로그램이 시급한 때이다. 총회나 총회 교육부에서는 청년에 대한 관심을 갖고 적어도 청년대표들이 몇 퍼센트 정도는 총회 총대 대표로 참석하여 청년들이 가지고 있는 생각과 의견을 말할 수 있는 기회를 준다면 자연히 총회도 청년에 대한 인식의 변화와 더불어 생동하는 총회가 될 것이라고 기대한다. 이러한 노력이 바로 정보화시대, 지구화시대, 통일시대로 가는 길이라고 생각된다.

7장

통일을 향한 한국교회

1. 조선기독교도연맹의 출현 • 197
2. 북한 기독교 대표자들과의 만남 • 198
3. 한국교회 일치운동에 대한 전망 • 209
4. 통일을 향한 일본교회, 중국교회, 호주연합교회의 역할 • 212

7장
통일을 향한 한국교회

1. 조선기독교도연맹의 출현

　해방 후 북한은 공산당이 정권을 장악하면서 1946년 11월 28일 평양에서 조선기독교도연맹이 조직되었다. 그러나 공산당 정권은 6·25의 남침을 단행하면서 모든 기독교인을 탄압함과 동시에 숙청을 단행하였다. 조선기독교도연맹의 실력자였던 강양욱 목사는 김일성 정권의 제2인자였다. 강양욱 목사는 김일성의 인척 관계로 인해 그는 북한사회에서 지대한 영향력을 행사하였다.
　공산당 정권은 마르크스의 이론에 입각하여 종교를 아편으로 규정하고 있기에 그들에게는 종교가 필요없었다. 북한에서는 6·25 한국전쟁 후 기독교를 포함해서 종교가 말살되었다. 그러나 공산국가에서도 종교의 역할이 기대되어 생긴 중국 삼자교회의 영향으로 북한에서도 교회가 서서히 출현하게 되었고 어느 날 갑자기 '조선기독교도연맹'이란 이름으로 1974년 2월 5일 평양 방송을 통해 남한에까지 알려졌다.
　1972년에 교역자를 양성하기 위해서 평양신학원을 개설하고 10여 명의 신학생을 모집하여 교육을 실시하였으며 3년 간의 교육을 받은 이들에게 목사안수를 주어 조선기독교도연맹을 이끌고 가게 하였다. 초대 위원장에 고기준 목사가 선임되었으며, 그 후 그가 사망하자 강양욱 목사의 아들 강영섭 목사가 위원장직을 맡아 북한 기독교 대표자로 대내외 활동을 하였다. 교회로는 평양에 봉수교회와 칠골교회가 있으며 천주교회도 1개 처가 있다. 그리고 북한에는 가정교회 집회 인원까지 합하여 약 1만 2천여 명의 신도가 있다.

조선기독교도연맹은 18세 이상이면 신앙의 자유를 갖고 누구나 교인이 될 수 있다. 조직으로는 4년에 한 번 모이는 총회가 있으며 이때 총회에서는 중앙위원을 선출한다. 중앙위원회 회의는 6개월에 한 번 모이며 여기에서 상무위원, 위원장, 부위원장, 서기장을 선출한다. 각 부 부장(조직부, 선전부, 국제부, 경리부)은 위원장이 임명하게 되어 있다. 북한지역에는 10개 도(道)가 있으며 각 도마다 위원장, 부위원장, 서기장, 조직부, 선전부가 있다. 이들은 전임으로 일을 하며 각 시군위원회는 50개가 있으며 위원장, 부위원장 등 4명이 상임으로 활동하고 있다.

조선기독교도연맹에서는 다음과 같은 세 가지 목적을 갖고 교회를 섬기고 있다. 첫째는 조국을 위한 애국 애족의 정신, 둘째는 기독교 정신인 평등과 박애의 이념에 기초하여 사회주의 사회 건설에 기여함, 셋째는 신자로 하여금 자유로운 신앙생활을 하도록 그 권익을 보호함이다. 1999년부터는 조선기독교도연맹을 조선그리스도교연맹으로 개칭하였다.

2. 북한 기독교 대표자들과의 만남

1) 스위스에서의 첫 만남

남북한의 만남은 그렇게 평탄하지 않았다. 그 동안 한국 정부는 철저한 반공주의에 앞장섰기에 북한이란 말을 사용하지 않고 언제나 북한 괴뢰도당이라고 불렀다. 그러나 월남전쟁으로 월남이 패망하자 세계에서 유일하게 한반도가 분단국가로서 남게 되었다. 일본 NCC는 시대의 요청과 기독교의 사명을 안고 기도하던 중 한반도가 평화통일될 때만이 아시아에 평화가 임할 것을 믿고 한일교회 양 대표자들이 모일 때마다 이 문제를 놓고 토의하였다. 여기서 얻어진 결과를 근거로 해서 1984년 10월 29일부터 11월 2일까지 일본 동경 교외에 있는 도산소 국제센터에서 세계교회협의회(WCC) 국제위원회가 주최가 되어 한국교회 대표, 일본교회 대표 등 세계 20개국 NCC 대표자들 65여 명이 참석하였다. 이 날 모인 각국 교회 대표자들은 아시아에서의 긴장 완화는 '한반도 평화'에서만 찾을 수 있다는 인식을 가졌다.

남북한의 긴장 완화를 위해서는 WCC 국제위원회가 적극적으로 나서야 한다면서 국제위원회 간사 바인게르트는 1985년 11월 11일부터 19일까지 북한에 있는 조선기독교도연맹을 방문하였다. 이때 그는 한국 KNCC가 보내 준 찬송가 6권을 선물로 전달하였으며 그 답례로 1983년과 1984년 북한에서 발행한 신·구약성경 몇 권을 받아 한국 KNCC에 전달함으로 남북한 기독교 지도자 간에 선물교환이 이루어졌다. WCC의 북한 방문으로 북한에 있는 조선기독교도연맹의 실체가 알려졌다. WCC에 의하면 10명 내외의 예배 공동체를 가진 가정교회가 500개나 되며 이중 평양 시내에는 30~40개 교회가 있으며, 목사는 한국전쟁 전에 안수받은 10여 명과 1972년부터 3년 간 신학교육을 통해서 배출된 10명이 있고 전도사, 장로, 집사는 300명 정도이며, 일반신도는 1만여 명이 있다고 보고하였다. 성경과 찬송가는 1983년, 1984년에 1만 권 이상이 출판되었다고 하였다.

1986년 4월 18일 미국교회 대표 10명이 그 멀고 먼 평양을 방문하고 그 곳 지도자들과 함께 예배를 드렸으며, 그 동안 미국이나 미국교회를 원수시했던 북한교회를 서로 껴안고 화해하고 용서하면서 따뜻한 분위기를 만들었다. 1987년 5월 6일 일본 NCC 총무 마에지마(前島宗甫), 일본 기독교단 총무 나까지마(中嶋正昭)도 평양에 있는 기독교 대표자들과 가정교회 지도자들을 만나 기독교가 활동하고 있음을 확인하는 기회를 가졌다. 1988년 11월 첫 주일에는 평양에 있는 봉수교회가 문을 열고 첫 예배를 드리기도 하였다.

또한 WCC 국제위원회의 주관으로 역사적인 남북한교회 지도자 10여 명이 1986년 9월 2일부터 9월 5일까지 스위스 글리온(Glion)에서 첫 만남의 시간을 가졌다. 그 후 2차 글리온 회의(1988년 11월 23-25일)에서 남북한교회 지도자들이 모임을 갖고 '글리온 공동선언'을 발표하였다.

2) 일본에서의 만남

남북한 기독교 대표자들이 만날 수 있도록 길을 연 것은 1984년 일본 동경 교외에 있는 도산소 모임에서부터였다. 이 모임의 결과로 남·북한 교회 지도자들이 스위스 글리온에서, 미국에서 모였으며 그리고 1990년 7월 13일 일본 동경에서 재일대한기독교 총회의 주관으로 동경 한국 YMCA에서 제1차 남북기독교 지도자와 재일한국인 교회 대표 등 WCC 회원 국가대표들이 한자리에 모였다. 이 날 모임에서는 이미 남북한 정권이 합의 발표한 '7·4 공동성명'에서 천명한 '자주, 평화통일, 민족 대단결'의 3대 원칙을 수용할 것을 합의하였고 이를 실천하기 위해서 1995년 해방 50주년을 희년으로 선포하고 희년을 맞이하는 해를 평화통일의 해로 합의를 보고 함께 '희년 평화통일의 해'를 공동으로 발표하였다. 이 일로 남북한 교회는 매년 광복절 주일을 맞이할 때마다 공동으로 작성한 '평화통일의 공동기도문'을 함께 낭독하였다.

이렇게 모임을 갖게 된 동경회의는 큰 의미를 갖게 되었다. 더욱이 동경 한국 YMCA는 1919년 2월 8일 동경 유학생들이 독립선언서를 낭독했던 장소였기에 그 의미는 더욱 컸다. 제2차 모임도 1991년 7월 12일 역시 동경 한국 YMCA에서 모였으며 이 모임에서 남북한 기독교 지도자들은 희년을 맞이하는 1995년에는 한반도에 평화통일을 이룩하자고 결의하였다. 1994년 6월 2일에 동경 한국 YMCA에서 제4차 모임을 갖었다. 그 동안 한국 KNCC에 참여했던 교단 대표만 모였지만 이 모임에서는 범위를 확대하여 재일대한기독교와 선교협약을 맺고 있는 기독교대한감리회, 대한예수교장로회(대신), 대한예수교장로회(통합), 대한예수교장로회(합동), 한국기독교장로회, 재일대한기독교 등 6개 교단과 조선기독교도연맹 등이 참여하였다. 1996년 6월 6일 5차 동경 모임에는 기독교대한성결교회가 참여하여 모임을 더욱 빛나게 하였다.

1998년 10월 8일 제6차 모임은 재일대한기독교 선교 90주년 기념식이 거행되는 일본 오사카(大阪)에서 가졌다. 이 모임에서는 '조국의 평화통일과 선교에 관한 기독자 오사카 회의'로 명칭을 정하였다. 이때 재일대한기독교 선교 90주년 식전에 참석한 남북한 기독교 지도자들의 평화통일에 대한 열망은 대단하여 몇 번이고 민족이 하나임을 확인하면서 통일을 바라는 재일본 동포(민단, 조총련)에게 큰 힘을 주었다. 동경 모임이나 오사카 모임에 참가한 조선기독교도연맹 대표자들은 회의를 끝내고 일본에 산재해 있는 재일대한기독교회에 속한 교회를 방문하면서 친교의 시간도 가졌으며 그들에게 필요한 것을 지원해 주기도 하였다. 이 일로 남북한 기독교 지도자들은 자주 만남으로 이웃 형제와 같은 느낌을 갖게 되었으며, 1989년 7월 29일에 재일대한기독교회 대표자들은 조선기독교도연맹의 초청을 받고 북한을 방문하여 통일의 절실함을 갖게 되었다. 여기에 일본교회도 많은 관심을 갖고 남북한 기독교 지도자들의 모임을 지원하였으며 남북한 평화통일이 얼마나 중요한가를 함께 공감하였다.

3) 북한에 쌀 보내기 운동과 북한돕기 운동

한국기독교 선교 100주년 기념사업회에서는 많은 사업을 이룩해 놓았다. 여기에 참여한 모든 교단들은 교리와 헌법을 떠나서 오직 한 몸의 지체처럼 전 교파가 이에 동참하였다. 이 사업이 끝난 지 얼마 안 되어 한국기독교총연합회(이하 CCK로 표기) 사회선교위원회에서는 계속 풍년으로 쌀이 남아돌자 일부에서는 남아도는 쌀로 막걸리, 과자류 등을 만

스위스 글리온에서 모인 이후 남북기독자 및 WCC 대표자들이 남북평화통일을 위한 5차 세미나가 일본 쿄토에서 모였다(1995년 3월 28일-4월 1일).

미국 장로교(PC-USA) 제207차 총회 장소에서 기장 총회장 배야섭 목사가 조선기독교도연맹 위원장 강영섭 목사(좌측)와 본교단 총회장 김기수 목사(우측)를 껴안고 있다.

호주연합교회의 초청으로 조선기독교도연맹 위원장 강영섭 목사 등은 호주교회를 방문하여 통일에 대한 문제를 논의하였다. 좌측부터 김용재, 정철범, 민병억, 강영섭, 박경서, 리순구, 김혜숙, 홍길복(1998년 3월 8일~20일)

일본 오사카에서 모인 제6차 남북한 기독교지도자들이 한 자리에 서서 기념촬영을 하였다. 전면 오른쪽부터 김수진, 문세광, 김형록, 강영섭 조선기독교도연맹 위원장 백도웅, 국제부장 황시천, 박완신, 이진희, 뒷 중앙에는 미국 장로교회 총회 김인식 총무 등이다(1998년 10월 8일-9일).

들어 소비함을 알게 되었다. 그래서 1990년 3월 1일 사랑의 쌀 나누기 운동본부를 발족하고 '사랑의 쌀 나누기 운동'을 전개하였다. 이 운동이 전개되면서 서울 영락교회, 서울 광림교회에서는 각각 1억 원을 내놓았고 이후 범시민운동으로 전개되었다.

이 무렵 북한은 몇 년째 홍수와 가뭄으로 인하여 모든 곡식물이 재난을 당해 식량난에 허덕이는 북한 기아난민이 200만 명이나 발생하였다. 이러한 소식을 접한 CCK에서는 우선 북한 동포에게 쌀을 보내야 한다면서 그 해 7월 홍콩을 통해서 쌀 1만 가마를 보냈다. 이 일은 한국전쟁이 일어난 지 40년 만에 남북이 쌀로 만날 수 있는 좋은 기회가 되었다. 이 쌀 나누기 운동은 정부 관리로부터 시작해서 농촌에 있는 농민까지 참여하였으며 심지어 교회학교 어린이들까지 참여하여 북한동포 살리기 운동에 적극 참여하였다. 그 후 북한에 쌀 보내기 운동은 대한적십자사를 통해서 북한 적십자사에 전달하여 보내기도 하였다. 그 후 남북 기독교의 활발한 접촉이 이루어지면서 직접 조선기독교도연맹에게 쌀을 전달하는 등 활발한 접촉이 오가고 있다.

그 동안 CCK에서 북한 쌀 보내기 운동을 전개하면서 1999년 3월까지 11억여 원에 해당되는 식량을 보냈다. 또한 예장 통합측 사회부에서는 1997년 4월부터 1999년 10월까지 북한동포 돕기 운동을 전개하자 전국에 산재해 있는 모든 교회들이 참여하여 옥수수 532톤, 밀가루 160톤, 비료 1,217톤, 결핵약 1천 명분, 중고 및 새 옷 10컨테이너, 분유 15톤 등을 보냈고 다른 기관과 협력해서 결핵검진 차량 1대도 보냈다. 1999년 11월 한국기독교북한동포후원연합회에서 주최한 북한 돕기에 예장 통합측 총회 사회부에서도 전국 교회의 협력을 얻어 밀가루 1,000톤, 비료 100톤, 삽 5천 자루, 분무기 1천 개, 옷 25,000벌을 보냈는데 이를 실은 배는 인천항을 떠나 북한 남포항에 도착하였고 다시 이 쌀은 평양의 조선기독교도연맹 위원장 강영섭 목사에게 전달되었다.

그 동안 총회사회부에서는 전국 교회의 협력으로 1997년 4월부터

2000년 말까지 지원한 물품을 현금으로 환산하면 다음과 같다.
1) 북한동포돕기 모금 수입 총액(1997. 4~2000. 5. 현재)

기 간	액 수
1997년 4월-7월	1,624,685,735원
1997년 8월-1998년 7월	387,029,194원
1998년 8월-1999년 7월	86,602,648원
1999년 8월-2000년 5월	23,018,510원
합 계	2,121,336,087원

2) 지출비용 총액(1997. 4~2000. 5말 현재)

기 간	액 수
1997년 4월-7월	578,986,029원
1997년 8월-1998년 7월	904,010,377원
1998년 8월-1999년 7월	237,454,291원
1999년 7월-2000년 5월	163,885,386원
합 계	1,883,529,083원

참고로 2001년 4월말 9천 5백만 원에 해당하는 물품을 북한에 전달했으며 계속사업을 위해서 5천만 원이 적립되어 있다.

또한 총회 농어촌부(총무 김남송 목사)에서는 2000년 12월 12일부터 15일까지 일본 후꾸오카시에서 개최되었던 남북기독자 회의에서 박정식 총회장과 조선그리스도교연맹 강영섭 위원장과의 협의 하에 이루어졌던 '북한 보온못자리용 비닐을 보내기로 협의한 결의서'에 의해 총회 농어촌부의 북한 농업개발 협력사업(CWM) 프로젝트 일환으로 최초로 북한 벼농사 돕기 위해 보온못자리용 비닐 77.1톤(1억 1천만원)을 한국교회의 적극적인 지원하에 2001년 4월 5일 조선그리스도교연맹에게 기증하였다. 이후 이 사업은 계속 되리라고 생각된다.

총회사회부 주관으로 1998년 10월 29일 밀가루 1천통, 분유 15톤을 북한 동포들에게 보내기 위해서 인천항에 보냈던 관계자들이 잘 전달하고 돌아와 달라고 부탁하는 모습

조선그리스도교연맹에게 비닐을 전달했던 위원들이다. 우측부터 김동엽, 금주섭, 김남송, 공용준, 오경우(조선그리스도교연맹 서기장), 안영로, 원광기, 고무송 목사 등이다.

7. 통일을 향한 한국교회 ◆ 207

한기총(CCK) 쌀 나누기 운동 본부에서 최초로 사랑의 쌀을 홍콩을 경유해서 쌀 1만 가마를 보냈다. 그 후 계속되어 1999년 3월 현재 11억여 원에 해당되는 식량을 보냈다.

그 동안 한국교회는 정부의 협력으로 북한에 식량 및 여러 가지 필수품을 보냈으며 1998년 2월 김대중 대통령이 취임하면서 펴온 북한동포 껴안기 운동으로 결국 김대중 대통령은 2000년 6월 13일 평양을 방문하여 3박 4일의 일정을 통하여 '남북평화통일합의서'를 이끌어 내었다.
2000년 6월 15일 평양에서 김대중 대통령과 김정일 국방위원장이 함께 손을 잡고 '우리의 소원은 통일'을 합창하고 있다.

4) 탈북자 돕기 운동 전개

북한의 식량난으로 많은 북한 주민들이 목숨 걸고 두만강 및 압록강을 건너 중국 동북부지방으로 탈출하고 있다. 어차피 북한에서 양식을 먹지 못하고 죽을 바에야 북한을 탈출해서 국경선만 넘으면 살 수 있다는 소망을 갖고 탈출하기 시작한 탈북자들이 20만~30만 명에 이른다고 한다. 여기에는 어린아이로부터 시작해서 어른에 이르기까지 모든 층이 해당되고 있다.

북한을 탈출하다가 경비병에게 붙잡혀 목숨을 잃은 사람도 수없이 많다고 한다. 또한 북한을 탈출하여 중국 땅에 상륙했다 하더라도 중국 한족에게 발견되면 강제 송환되었기에 이들의 생명은 위험하기만 하다. 혹시 이들에게 발견될까봐 깊은 산중에서 움막을 쳐 놓고 가족과 함께 생명을 지켜 가는 사람들도 많이 있다. 그런데 이들에게 혹한의 겨울이라도 몰려오게 되면 동사자가 많을까 걱정한 한국교회에서는 기독교 실업인과 교회의 협력을 얻어 겨울옷 보내기 운동도 전개하였다. 그 결과로 1999년 12월 18일에 1차로 4만 벌을 보냈으며, 2차로 보내기 위해서 16만 벌(14억 원에 해당된 금액)을 준비해 놓고 있다. 1999년 1월 새해를 맞이해서 여의도 고수부지에서 금식 기도회를 가진 한국대학생선교회에서는 2억 원의 헌금을 모아 의류를 구입하여 북한에 보내기도 하였다.

탈북자들은 자유를 찾아 남한에 오기를 원하지만 탈북 난민보호법의 혜택을 받지 못하고 있어서 1999년 4월 16일 '북한난민보호 UN 청원운동' 발대식을 갖고 전국 교회로 하여금 서명운동에 참여하도록 권유하였다. 이 운동은 CCK가 발의하였지만 종파를 떠나서 불교, 천주교도 적극적으로 서명운동에 참여하였다.

1999년 12월 12일 250만 명의 서명을 받은 서류를 종합하여 그 해 12월 13일 본부장 김상철 변호사 등 관계자가 박스 20개 분량의 서명용지를 갖고 스위스 제네바에 있는 UN난민고등판문관실을 방문하여 전달하였다. 또한 100만 명 탈북자 난민보호를 위해 UN에 청원하고자 전국민을 상대로 '탈북난민 UN 청원서'에 서명하였고 100만 명 서명을 얻은 서류를 스위스에 있는 UN 난민보호 본부에 제출하기도 하였다.

한편, 계속 탈북하는 난민들을 그냥 방치할 수 없었던 한국교회에서는 1999년 8월 26일 탈북자 동포 60가정을 한국교회와 합동 자매결연식을 갖고 이후 계속 증가되는 이들을 돕기 위해서 '귀순동포결연사업본부'를 발족하여 1999년 11월 말 현재 100가정을 자매결연시켰다. 현재 중국 동북부지방에 산재해 있는 탈북자가 20만~30만 명으로 보고 있으며 하루속히 이들이 안정된 생활을 찾는 것이 한국교회의 기도제목이기도 하다.

3. 한국교회 일치운동에 대한 전망

1) 한국기독교교회협의회(KNCC)

그 동안 한국 개신교를 대표해 온 KNCC는 그 역사가 한국 기독교 선교와 거의 같다 해도 과언이 아닐 정도로 대단히 깊다. 그 동안 장로교와 감리교가 함께 연합사업을 하면서 장·감이란 이름으로 1918년 2월 조선예수교장감연합협의회를 조직하였다. 다시 1924년 9월 장·감이란 교파의 이름을 빼고 처음으로 조선예수교연합공의회 창립 총회를 갖게 됨으로 오늘의 KNCC 조직을 갖게 되었다. 이때 참여했던 교회의 대표기관은 장로교, 미 감리교, 미 남감리교, 미 북장로교 선교회, 미 남장로교 선교회, 캐나다 장로교 선교회, 호주 장로교 선교회 등이었다.

1926년 9월에 제4회 조선예수교연합공의회는 YMCA, YWCA, 조선주일학교연합회, 영국성서공회(현 대한성서공회) 등 12개 단체가 참여하였다. 그 후 1930년에 조선예수교서회, 1931년에는 조선기독교여자절제회가 각각 가입함으로 한국교회를 대표할 수 있는 기관으로 발전하게 되었다. 1934년에 조선예수교연합공의회를 '조선기독교연합공의회'로 명칭을 바꾸었다. 그러나 일제 말엽 1938년 5월에 일본인 니와를 중심으로 일본적 단체인 조선기독교연합회가 조직됨으로 인하여 조선기독교연합공의회는 해산당하는 슬픈 일을 겪었다.

이처럼 한국교회를 대표하는 기관으로 발전해 온 조선기독교연합공의회는 해방과 함께 다시 재건되었다. 대한민국 정부가 수립되면서 KNCC의 활동은 활발하게 움직였다. 그러나 이승만 정권과 너무 밀착한 나머지 KNCC의 기능을 발휘하지 못한 때도 있었다. 그러나 과거 박정희 유신정권에 저항하면서 민주화 운동에 앞장섰으며 그 후 80년대를 거치면서 군사독재와 싸우면서 민주화 운동에 크게 기여해 왔다. 민주화 운동에 적극적으로 참여했던 KNCC는 엄청난 수난과 핍박을 받으면서도 굴하지 않고 민주정부를 창출하는 데 크게 기여하였다. 특별히 이 일을 위해서 1974년 4월 KNCC 안에 인권위원회를 조직하고 인권에 관련된 많은 부분에 대해서 활동하였다. 군사정부와 투쟁했던 많은 성직자 및 대학생, 시민들이 구속되었을 때 이들의 석방을 위해서 노력하였으며 안기부 보안사에 의해 조작된 부분도 전 세계 교회에 알리면서 인권운동과 민주화에 힘을 기울였다. 또한 세계 교회와 유대를 갖고 세계 평화와 남북 통일운동에도 크게 기여하였다. 남북한교회가 만날 수 있도록 추진했던 일은 높이 평가받을 만한 업적이었다. 1986년 9월 2일 스위스 글리온에서의 남북한 기독교 지도자들의 첫 만남을 비롯하여 일본 동경에서의 남북한 만남에 있어서도 KNCC의 공이 컸다.

KNCC는 문민정부와 국민의 정부가 들어서면서 더더욱 민주화 운동에 앞장서고 새로운 21세기를 맞이하면서 국민의 복지사업에 적극적으로 참여해야 할 것이다. 이 일을 위해서는 현재 KNCC에 가입한 8개 교단으로서는 힘이 미약하기에 CCK와 공동으로 사업을 추진함으로 진행해야 할 것이다. KNCC에 가입한 8개 교단은 대한예수교장로회 통합측, 기독교대한감리회, 한국기독교장로회, 한국구세군, 대한성공회, 기독교대한복음교회, 한국정교회, 기독교대한하나님의 성회 등이다. 이 8개 교단으로서는 한국 전체 교회를 대변할 수 있는 기관으로 서기에는 약하기 때문에 어떠한 채널을 통해서도 하나가 되는 운동을 전개하여 한국교회 1200만 신도들에게 소망과 기쁨을 주어야 한다. 또한 두 기관이 힘을 모아 남북통일을 이룸으로 북한에 하나의 교회를 세우는 일에 큰 도움이 되었으면 한다.

2) 한국기독교총연합회(CCK)

한국기독교총연합회를 가리켜 '한기총'이라고도 하고 영어로는 CCK라고 부른다. 이미 한국에는 기독교(개신교회)를 대표할 수 있는 KNCC가 있는데 또 CCK라는 조직체를 필요로 하는가 하는 의문을 제기하는 교계 지도자들이 많이 있었고, 매스컴에서도 의아한 눈으로 본 일이 있었다.

이렇게 CCK가 조직된 데에는 역사적인 배경이 있다. 한국교회는 1970년대, 1980년대를 지나면서 1,200만 명이라는 신도를 갖게 되는 엄청난 성장을 가져오게 되었다. 그러나 한국교회를 대표할 수 있는 기관으로 그 동안 KNCC가 맡아 그 임무를 수행해 왔다. 당시 KNCC는 예장 통합측을 비롯한 8개 교단이 참여하였다. 이중 대교단이라고 말할 수 있는 것은 예장 통합측과 기독교대한감리회뿐이었다. 그 외의 교단은 한국기독교장로회, 기독교대한복음교회, 대한구세군, 대한성공회 등이었다. 이러한 교단을 갖고 대표라고 말한다는 것에 한계를 느끼게 되자 비KNCC 교단까지 포함해서 범교단적인 대표조직을 만들자는 여론이 기독교계 원로들 사이에서 서서히 조성되었다.

때마침 한국기독교 100주년 기념사업회에 KNCC, 비KNCC 등이 총망라하여 이 사업에 참여하였다. 1989년 1월 한국교회 각 교단을 대표할 수 있는 강원룡, 조향록(기장), 오경린(기감), 정진경(기성), 림인식(예장 통합), 최훈(예장 합동), 최창근(예장 통합), 김경래(예장 고신) 등이 남한산성에 거주하고 있는 한국교회의 원로인 한경직 목사를 찾아뵙게 되었다. 이때 지도자들은 한국교회를 대변할 수 있고 한목소리를 낼 수 있는 교회연합기관을 만들자고 논의하였다. 이때 논의했던 안을 갖고 1989년 2월 유성에서 준비위원회를 구성하고, 다시 4월 서울 영락교회에서 준비위원회 창립총회를 갖고 준비위원회 회장에 한경직 목사, 서기에 림인식 목사를 각각 선출하여 준비하였고 그 해 9월 각 교단 총회가 개회됨으로 각 교단의 동의를 얻어 창립 총회를 갖기로 하고 준비에 임하였다.

드디어 1989년 12월 28일 서울 강남에 있는 강남중앙침례교회에서 36개 교단 대표와 6개 기독교 기관 대표가 모여 CCK 정관을 통과시킨 후 전형위원회에 의해 임원이 선출되었는데 회장에 박맹술 목사가 선임되었다. 박맹술 목사는 당시 예장 통합측 현직 총회장이었다. 그 동안 준비 총회를 이끌고 왔던 한경직 목사는 CCK가 창립되자 명예회장으로 추대되었다. 정관에 의해 임원의 임기는 2년으로 정하였으며 총회 안에 6개 분과를 설치하였다. 해마다 새로운 교단과 기관이 가입 신청을 내놓아 심의한 결과에 따라 가입 여부가 결정되었다.

2000년 1월 제11회 정기 총회시 CCK는 50개 교단과 18개 기관이 참여하여 명실공히 한국 개신교를 대표하고 있다. 이 기관의 대표적 사업으로는 북한 쌀 보내기 운동, 해외 난민보호 운동, 북한 탈북자 돕기 운동, 북한 탈북자 UN 청원운동 등이 있다. 이제 이 기관이 해야 할 일은 KNCC와 협의하여 공동으로 해야 할 사업은 같이 하고 서로 대화함으로 한국교회를 대표할 수 있는 기관으로 굳게 서는 것이다.

4. 통일을 향한 일본교회, 중국교회, 호주연합교회의 역할

1) 일본교회의 역할

일본교회는 과거 한국 식민지 시대에 한국 침략에 앞장섰다. 일제의 조선 지배는 하나님의 뜻으로 알고 이를 적극적으로 지지하면서 한국의 종교적 침략을 단행하였다. 이미 조선 식민지 사건을 비롯하여 일본교회가 한국교회 앞에 지은 죄는 엄청나게 많았다. 1938년에 신사참배 결의를 앞두고 일본 기독교단 초대 통리 도미다(富田滿) 목사는 신사참배는 종교의식이 아니고 국가의식이라고 하면서 신사참배 결의에 지지해 달라고 몇 번이고 한국교회를 방문하였다.

이 외에도 이들은 한국교회의 모든 교단을 해산하는 데도 앞장섰으며 1943년 5월에 일본 기독교조선장로교단, 8월에는 일본 기독교조선감리교단을 각각 설립하였다. 1945년 7월 서울 새문안교회에서 일본 기독교조선교단이 출범하면서 완전히 일본교회가 한국교회를 지배하게 되었다. 이보다 앞서 일본에 있는 재일본조선기독교대회가 1941년에 해산당하고 일본 기독교단에 통폐합당하였다. 특별히 일본 기독교조선교단의 두 교파에서는 친일부역자들이 속출하면서 일본 천황의 명령에 순응함으로 말미암아 기독교의 본질을 송두리채 빼앗기고 말았다.

그러나 일제의 패망으로 일본교회도 새롭게 태어나면서 신일본 건설에 앞장서면서 지난 날의 잘못을 회개하고 교회 성장에 힘을 기울였으며 일제의 강제 종교법에 의해 해산되었던 각 교단들이 차례로 재건되었다. 그중 재일본조선기독교대회도 곧 대회를 소집하고 1945년 11월 15일 교토에 있는 교토한인교회에서 재일대한기독교총회를 재건하였다. 이미 일본 내에 있어서 처음으로 개신교의 연합 교단이었던 일본 기독교단은 일부 교파가 탈퇴하였지만 일본 조합교회, 일본 기독교회(장로교회), 일본 메도디스트교회 등 3개 대 교단은 일본 기독교단에 그대로 머물면서 교회 연합과 일치운동에 힘을 더해 갔다.

해방 후 일본교회와 한국교회의 처음 만남은 1963년 5월에 일본 NCC 대표 다케도(武藤建), 고자키(小崎道雄), 시라이(白井康吉) 목사 등이 한국 KNCC의 초청을 받고 한국을 방문하여 양국 교회의 대표들이 한국에서 만남으로 시작되었다. 이들은 그리스도 안에서 한 형제임을 확인하면서 한반도에 평화가 정착되기를 간절히 기도하고 이 일을 위해서 함께 기도하고 노력할 것을 몇 번이고 다짐하는 좋은 친교의 시간을 갖기도 하였다. 역시 같은 해 11월 일본 NCC는 한국 KNCC 대표 전필순, 서정태, 윤인구 목사 등을 초청하였다. 이들은 한국교회 대표로서 처음으로 일본을 방문하여 다시 일본교회도 우리의 형제임을 확인하는 좋은 기회가 되었다.

이처럼 일본 NCC와 한국 KNCC 양 교회 대표 및 평신도 지도자, 청년운동 지도자들이 1년에 한 번씩 오고가면서 좋은 교제를 나누었다. 특별히 1964년 11월에 양국 교회 대표들이 한 자리에 모여 공동성명을 발표하였다. 이러한 발표 이후에 더욱 양국 교회간에 활발한 교류가 형성되었으며 1973년 7월 서울 아카데미하우스에서 제1회 한일교회협의회를 갖고 양국 교회가 풀어 가야 할 문제에 대해 협의하기도 하였다. 이 때 양국 교회 대표자들이 협의한 문제는 다음과 같다. 첫째, 재일한국인 문제 둘째, 사할린 거주 한국인 문제 셋째, 출입국 법안 문제 넷째, 한국인 피폭자 구제 문제 다섯째, 야스꾸니 신사 문제 여섯째, 기생관광 문제 일곱째, 문화사 문제(평화를 위한 역사교육 문제) 등이었다. 다시 제2회 한일교회협의회는 일본 교토 간사이아카데미하우스에서 모임을 갖고 양국 교회의 현안 문제 등 광범위하게 협의하였다. 이 협의회는 양국을 오고가면서 박정희 유신정권을 비롯하여 전두환 군사정권 등 한국의 군사독재 등도 현안 문제로 다루면서 한국의 민주화 운동에도 크게 기여하였다.

따라서 일본 기독교단과 한국교회의 교류도 차차 물고가 트이기 시작하였다. 1966년 9월 한국기독교장로회 총회에서는 총회 기간에 일본 기독교단 총회 의장 오무라(大村勇) 목사를 초청하였다. 그는 총회 석상에 나가 과거 일본교회가 저지른 죄과에 대해서 깊은 사죄하였으며 이 일로 양 교단과의 관계는 새로운 전환점을 만나게 되었다. 1967년 9월 전주 완산교회에서 모인 대한예수교장로회 총회에서는 일본 기독교단 총회 의장 스쯔끼 목사가 총회장 김윤식 목사의 안내를 받으면서 총회 총대 앞에 나타나 지난 날의 일본과 일본교회 잘못을 사죄하였고, 그의 겸 손에 감동된 총대원들은 그리스도 안에서 그들의 죄과를 용서해 주는 뜻으로 뜨거운 박수를 보내기도 하였다. 이후 일본 기독교단과 대한예수교장로회 총회가 있을 때마다 서로 대표자들이 회의에 참석하고 인사를 하는 등 친밀하게 교류하였으며 이제는 자매관계까지 맺고 있어서 일본과 한국교회는 더욱 가까운 이웃이 되었다. 여기에 재일대한기독교 총회와 일본교회도 깊은 관계를 맺고 있다. 물론 재일대한기독교 총회는 일본 NCC 회원교단에 참여하고 있으며 1984년 2월 재일대한기독교 총회는 일본 기독교단과 선교협약을 맺고 10년 간 재일대한기독교 총회에 1억 엔을 모금해서 지원하기로 하였다. 교단 교구마다 일한선교협력위원회를 조직하고 재일한국인 선교에 힘을 기울이는 한편, 재일 한국인 교회와 일본인 교회가 함께 협력해서 선교에 힘을 기울이고 있다.

재일 한국인 중에 10만 명에 해당되는 많은 숫자의 교포들이 북한의 꾀임에 빠져 북송을 당하였다. 대개 이들은 아직도 일본에 있는 교포(민단계, 조총련계)와 모두 연계된 사람들이다. 그러기에 일본에 있는 60만 교포들에게 복음을 전하는 일은 곧 북송당한 교포들에게까지 복음을 전할 수 있는 기회가 되기도 한다. 일본 교포는 해방과 함께 본국의 분단으로 두 개의 조국을 갖게 되었다. 소위 조총련에 속한 교포는 친북 세력이며 이들의 숫자는 엄청나게 많다. 반면, 민단계에 속한 교포는 친한파에 속한 사람들이다. 패전 당시 조총련계는 약 80%가 되었으며 차차 민단계로 전향하면서 그 비율은 반전을 이루게 되었다. 그래서 1999년 통계에 따르면 민단계는 약 40만 명, 조총련계는 약 20만 명에 달하고 있다.

일본교회는 북한을 자유롭게 접할 수 있는 위치에 있다. 그러므로 일본교회는 북한과 자주 접촉함으로 북한에도 하루속히 자유의 물결이 들어가 그들도 개방하고 살 수 있는 그러한 날이 속히 오도록 노력해야 할 것이다. 한편, 일본과 북한의 수교가 열리는 날에는 보다 자유롭게 왕래할 수 있는 길이 열려지리라고 생각된다. 이미 재일대한기독교 총회는 조선기독교도연맹의 초청으로 자유롭게 드나들고 있다. 여기에 재일대한기독교 총회와 일본교회가 공동으로 조선기독교도연맹을 지원하고 함께 북한을 지원하고 협력하게 되면 이들에게도 선교의 길이 열려지고 이러한 길이 열려지게 되면 남북한의 평화통일의 길은 그만큼 빨라지리라고 생각된다. 이제 한국교회도 통일을 위한 준비를 시작함으로 다음 세대에게는 분단 조국을 물려주는 것이 아니라 통일된 조국을 유산으로 물려줄 때 한국교회가 당당하게 세계 교회와 함께 어깨를 나란히 하며 하나님의 나라를 확장하는 데 큰 힘이 되리라고 생각된다.

2) 중국교회의 역할

중국과 한국과의 관계는 수백 년을 통해서 형제의 나라로 지내왔다. 그러나 중국에 공산정권이 들어서던 1947년부터는 이념 때문에 서로 단절된 상태에 놓여졌다. 더욱이 한국전쟁을 통해서 한국과는 적대관계를 맺고 있었다. 1950년 한국전쟁시 중국은 북한을 혈맹으로 알고 항미원조(抗美援朝)위원회를 조직하면서 수많은 중국 인민군을 한반도 전쟁에 투입시켰다. 이때 중국교회도 항미원조에 적극 참여하였다.

이때 북한 인민군과 중국 인민군은 피비린내 나는 전투에 참전하여 엄청난 피해를 입었으며 중국 동북부지방에 살고 있는 조선족들도 조국해방이라는 미명하에 참전하여 수많은 사람들이 희생당하였다.

그러면 언제부터 한국교회와 중국교회가 관계를 맺어 왔을까? 중국은 한국 선교의 전초기지의 역할을 담당해 왔다. 1832년 7월 중국에서 선교활동을 하던 네덜란드 선교부 소속 귀츨라프는 중국 산동성 위해에서 배를 타고 한국에 복음을 전파하려고 서해 앞바다 안면도에 도착하고 홍주성에 상륙하여 관리에게 복음을 전하였다. 런던 선교회 소속 토마스 선교사도 중국에서 선교사역을 하던 중 1866년 9월 산동성 연태(지푸)에서 성경책을 싣고 대동강에서 순교하였다. 그 후 스코틀랜드 선교회 소속 로스 선교사는 최초로 평안북도 의주 청년을 만나 복음을 전파하여 의주 청년들의 도움을 받고 1882년 중국 요령성 심양에서 한글판 누가복음서를 발간하였다. 그의 노력으로 중국 압록강 강변에 살고 있는 조선족과 북한에 성경을 전파하는 등 많은 공을 세웠다.

특별히 중국 동북부지방인 요령성, 길림성, 흑룡강성은 조선족이 집단적으로 살고 있는 지역이다. 이중 길림성의 연변 조선 자치주는 과거 북간도지역으로 일제로부터 탄압받던 많은 조선족들이 애국운동과 독립운동을 하기 위해 이주해 왔으며, 그 이전에는 조선 내의 정치적 변동과 생활안전을 도모하기 위해서 이주했던 곳이다.

최초로 로스 선교사의 복음을 받은 길림성 즙안현 이양자교회가 1884년 최초 조선인교회로 설립되었다. 이 지역을 가리켜서 서간도라고 부르는데 서간도는 압록강을 사이에 두고 있던 지역이어서 조선족이 많이 살고 있었다. 더욱이 한일합방으로 인하여 독립운동을 하던 많은 사람들이 간도지방으로 이주하였다. 이주한 이들을 그냥 놔 둘 수 없다고 판단한 미국 북장로교, 캐나다 장로교는 선교부의 지원을 받아 중국 동북부(만주지방)지방 선교에 힘을 기울였다.

동북부지방의 남부지역은 한국 장로교와 미국 북장로교 선교부가 맡았으며 동부지역은 한국 장로교와 캐나다 선교부가 맡아 선교에 임하였고, 미국 감리교 선교부와 한국 감리교 연회에서는 북부지역과 시베리아 지역을 맡아 사역에 임하였다. 1908년 남부지역에는 삼원포교회를 비롯하여 동족이 머물고 있는 곳이면 항상 교회를 설립하고 그들에게 소망과 용기를 주었다. 함경도 지방의 선교를 맡은 캐나다 선교부 그리어슨(R. Grierson, 한국명 구례선)은 1906년 북간도 용정교회를 설립하였으며 동족이 이주해 모여 있는 지역에는 꼭 한인교회를 설립하였다.

그 동안 많은 교회가 설립되었으며 여기에 감리교가 합세하여 함께 교회를 설립하였다. 이 외에도 성결교회, 침례교회 등이 설립되었다. 그리고 1941년 11월 26일에 동북부에 있는 모든 한인교회의 총대들이 길림성 장춘에 모여 만주조선기독교 총회를 창립하였다. 또한 동북부 지방에 있는 조선족이 신앙생활을 할 수 있도록 교역자 양성을 위한 기관이 요청되자 감리교에서 1937년에 사평가성경학교를 설립하였고 1937년에는 학제를 개편하고 만주신학교라고 하였다. 1941년에 장로교에서도 봉천(현 심양)에 만주신학교를 설립하였다. 그 후 해방되어 1년 가까이 운영하면서 5~6회의 졸업생을 배출하였다.

일제의 패망으로 중국은 새로운 전환점을 만났다. 장개석 정부가 이끈 중화민국은 공산당 모택동에게 밀려 대만으로 옮겨 갔으며, 1949년에 모택동은 전 중국을 장악한 후 중화인민공화국을 선언하였다. 이와 때를 같이 하여 중국교회도 자치, 자양, 자전의 3자 운동을 부르짖으면서 중국 삼자교회가 새로이 출발하였다. 그러나 1966년 문화혁명을 부르짖으면서 홍위병들이 모든 종교단체의 활동을 탄압하자 교회도 자연히 문을 닫고 말았다. 1979년에 중국 정부가 개방정책을 쓰면서 굳게 닫혀 있던 교회가 서서히 문을 열게 되었다. 따라서 조선족 교회도 1979년 11월에 문이 열리면서 오늘에 이르게 되었는데 그 동안 조선족 교회나 한족 교회를 가리지 않고 홍위병의 탄압으로 교역자 및 일반 신도들은 많은 고생을 하였다.

그 후 신앙의 자유가 보장되면서 심양에 서탑교회, 연길에 연길교회, 용정교회들이 차례로 문을 열면서 조선족이 모여 사는 마을마다 조선족 교회가 재건되었다. 더욱이 1994년 중국에 자유 여행의 문이 열리자 한국에 있는 많은 교파들이 앞을 다투어 중국 동북부 지방에 조선족교회, 한족교회 설립에 힘을 기울였다. 이러한 관계로 각 성 정부 종교국과 많은 마찰을 일으키기도 하였다.

최근 몇 년 사이에 북한의 식량부족으로 수많은 북한동포들이 탈출하여 동북부지방에 있는 조선족 마을에 숨어 살면서 조선족 교회는 이들의 안식처가 되었다. 조선족 교회들은 한국교회의 지원을 받아 탈북자들에게 양식을 공급하고 있으며 조선족의 지원을 받아 북한에 필요한 생필품을 보내는 등 여러 가지 어려운 문제를 해결하면서 북한교회 재

초기 한국선교와 재중동포교회(조선족교회)에 지대한 공헌을 했던 로스 선교사는 심양에 한국동관교회를 설립하였다. 현재 재적교인수 3만명이나 된다.

북한 쌀지원센타가 되었던 도문기독교회(좌측 두번째가 필자)

1931년 일제는 만주를 점령하고 만주국을 세웠다. 그 후 일제는 종교정책에 따라 모든 교파를 통폐합하고 만주조선기독교회를 창설하였다.
일본화된 한국인 목사들(1943년 5월 10일)

중국교회는 공산화, 문화혁명을 만나면서 엄청난 탄압을 받았지만 1979년 문호개방으로 교회가 문을 열게 되었다. 중국 내의 최고 실력자인 중국 국가 종교사무국 왕쪼안(王作安) 부국장이 선교협의차 내한하여 한국 교계 지도자들과 협의하였다. 좌측이 김동완 총무, 그 옆이 왕쪼안 부국장이다 (2001년 1월 12일).

건과 함께 남북한 평화통일을 위해서 힘쓰고 있다. 어떻게 보면 동북부 지방에 있는 조선족 교회는 통일을 위한 전초기지의 역할을 하고 있다고 하겠다.

여기에 한국교회가 힘을 모아 설립한 연변과학기술대학은 조선족의 인재 양성에 힘을 기울이고 있으며 이 곳에 재학하고 있는 학생들은 거의가 자유롭게 북한을 드나들 수 있는 신분이 확보된 사람들이다. 더욱이 심양에 있는 동북신학원에 재학하고 있는 조선족 출신도 같은 신분이 보장되기 때문에 이들에 대한 기대도 크며 아울러 조선족 교회 교인들에 대해서도 마찬가지이다. 이처럼 동북부지방에 있는 조선족을 위한 선교는 곧 북한 선교와 연결되기 때문에 200만 명 조선족 선교에 힘을 기울이는 일은 통일을 앞당길 수 있는 지름길이 되기도 한다.

3) 호주연합교회의 역할

호주연합교회가 한반도 평화통일에 관심을 갖는 데는 그럴 만한 이유가 있다. 호주교회가 한국에 선교에 관심 갖고 1889년 데이비스(J. H. Davies) 남매가 최초로 한국 부산에 발을 내딛으면서 시작된 선교는 부산을 비롯하여 경상남도 도서지방이나 산간 벽촌에까지 그리스도의 복음이 전파되었다.

최초의 선교사였던 데이비스 목사는 그의 여동생 메리 데이비스 여선교사와 함께 1889년 10월 서울에 도착하였다. 이들 남매의 선교지가 확정되자 그의 조수와 함께 서울을 출발해서 충청도와 경상북도를 거쳐 부산으로 향하였다. 데이비스 선교사 남매는 부산을 향해 가는 도로변에서 농사일을 하고 있는 농부들의 모습을 보고 너무나 기뻐하면서 희망에 가득 찬 얼굴로 멀고 먼 부산을 향해 떠났다. 그런데 뜻하지 않게 데이비스 목사는 무리한 여행과 환경에 적응하지 못하고 그만 천연두에 걸려 1890년 4월 15일 하나님의 부르심을 받고 말았다. 이미 부산에서 개인적으로 활동하던 캐나다 게일 선교사가 최선을 다하여 데이비스 선교사를 간호하였지만 아무런 효과도 없이 한 알의 밀알이 되고 말았다. 게일 선교사는 그의 시신과 유품을 항도 부산에 안장하면서 먼 훗날 놀라운 선교의 결실이 맺힐 것을 믿고 하나님께 기도하였다.

데이비스 선교사의 죽음은 헛되지 않았다. 그의 여동생으로 인하여 이러한 사실이 곧 호주에 알려지게 되었고, 호주교회는 부산선교에 대한 관심을 갖고 곧 선교사를 보내기로 준비하였다. 그리고 바로 데이비스 선교사의 죽음이 헛되지 않기 위해서 1891년에 맥케이(J. H. Mackay) 부부, 멘지스(Miss B. Menzies), 페리(Miss J. Perry) 등 4명이 부산 및 경상남도 지방의 선교사로 부산에 도착하였다. 선교구역이 점점 확대되면서 호주교회에서는 계속하여 선교사를 파송하였다. 이들의 선교사역으로 미션 학교와 미션 병원이 설립되었고, 또한 교회가 설립되면서 나라를 잃은 많은 지역 주민들이 애국 애족을 부르짖으면서 교회로 몰려오기 시작하였다. 이들의 선교사역으로 부산 및 경남지방이 새로운 문화를 접하면서 기독교의 복음이 점점 확산되어 갔다. 그리고 이들의 수고가 본국에 알려지자 더 많은 선교사가 파송되었으며 한국교회가 일제의 탄압을 받자 함께 저항운동도 벌였지만 더 이상 버티지 못하고 철수하였다. 그 후 해방과 함께 선교사들이 재입국하여 한국교회와 함께 협력하여 복음화운동에 매진하였다. 이들이 완전 귀국할 때까지 130여 명의 선교사가 파송되어 많은 성과를 가져왔다.

해방이 되자 이들은 재입국하여 선교에 임하였지만 강대 국가에 의해 분단된 사실을 확인한 선교사들은 이 일에 대해서 몹시 안타깝게 여겼다. 여기에 한국전쟁으로 엄청난 살상이 발생하자 이에 대한 관심은 더욱 강하게 대두되었다. 그 동안 호주교회는 기회가 있을 때마다 '한반도의 평화통일'에 대한 관심을 표명해 왔다. 더욱이 호주 장로교회의 전통을 이어 온 호주연합교회는 1988년 이후 해마다 '한국의 평화와 통일을 위한 기도 주간'을 전국적으로 지켜 왔고, 1990년 3월에는 '분단된 한국의 통일을 위한 특별선언서'를 채택하기에 이르렀다. 이처럼 호주연합교회가 공식으로 천명하자 호주에 있는 호주교회 교인이나 호주에 있는 한인교회들은 이를 적극적으로 지지하면서 지켜 왔다.

이러한 열기를 타고 호주연합교회에서는 1991년 호주의 수도 캔버라에서 개최된 WCC 제7차 총회 때 조선기독교도연맹 대표들을 특별히 초청하였다. 총회가 끝난 후 호주연합교회는 북한 교회 대표들과 남한 교회 대표자들을 초청하여 시드니에서 '한반도의 평화통일을 위한 심포지엄'을 개최하였다. 이때 호주 한인연합교회에서는 조선기독교도연맹 대표들과 함께 성찬예식을 거행하면서 남한과 북한은 하나의 민족임을 재확인하기에 이르렀다.

다시 호주연합교회 대표들은 1996년 6월 일본 동경에서 모이는 남북평화통일 기독자 모임에 참석하였으며, 이때 호주연합교회와 조선기독교도연맹 위원장 강영섭 목사는 서로 선교협력 관계를 모색하였다. 다시 1997년 3월 미국 켄터키 주 루이빌에서 모인 한국, 미국, 호주교회 대표자들은 남북평화통일에 대해 심도 있게 의견을 교환하였다. 다시 8월에 헝가리 데부레첸에서 모인 제23차 세계개혁교회연맹에서도 조선기독교도연맹과 깊은 대화를 나누기도 하였다.

이처럼 자주 만나게 되자 1997년 10월 14일 조선기독교도연맹에서는 호주연합교회 대표자들과 함께 한인교회 대표 홍길복 목사 등 일행 4명을 북한에 초청하여 이들은 평양을 방문하게 되었다. 따뜻한 영접을 받은 호주연합교회 대표들은 그 어느 때보다 '평화통일'에 대한 열망을 더욱 강하게 가졌으며 또한 일행들은 식량에 허덕이고 있는 북한 주민들에게 다소의 보탬이 되기 위해서 금일봉을 전달하였다.

극진한 대접을 받은 호주연합교회는 다시 1998년 3월 8일부터 3월 20일까지 조선기독교도연맹 위원장 강영섭 목사, 선전부장 리춘구 목사, 국제부장 김혜숙, 평양시 위원회 위원 최춘근 등을 초청하여 호주를 방문하게 하였다. 호주를 방문한 북한교회 대표자들을 환영하는 예배가 3월 8일 시드니 한인 제일교회에서 은혜 가운데 진행되었다. 다시 호주

한인교회협의회 총무 이상진 목사와 북한교회 대표 리춘구 목사의 공동 집례로 '민족의 화합과 통일'을 기원하는 의미에서 북한산 포도주와 호주산 포도주를 함께 섞어 나눔으로써 함께 연합하여 성령의 능력 안에서 찬양과 영광을 더욱 높이는 시간을 갖기도 하였다.

대표단 일행은 3월 16일부터 19일까지 호주연합교회가 주최하는 해외 한인교회 대표자들과의 모임을 가졌는데 이 모임의 의미는 참으로 컸다. 이처럼 호주연합교회와 호주 한인교회협의회가 함께 조선기독교도연맹을 껴안으면서 통일을 위해 노력한 이들의 수고는 결코 헛되지 않으리라 생각된다. 이러한 노력을 통해 호주와 북한과의 관계가 잘 어우러진다면 먼 훗날 호주교회가 부산과 경남에 베풀었던 그 찬란한 선교업적이 북한 땅에서도 머지않아 이루어질 수 있다고 생각한다.

부 록
〈한국기독교 연대표〉

50.	도마가 인도에 첫 선교(후에 순교)
180.	알렉산드리아 교회의 대 신학자 판태누수 인도에 재차 선교
451.	네스토리아 이집트에서 사망
635.	네스토리우스(景敎) 선교사 알로펜(阿羅本)이 이끄는 선교단이 당나라 장안에 도착
638.	당나라 조정에서 인정하여 대진사를 건축하고 선교활동
845.	원(元, 몽골) 나라에 야리가온(경교)에 대한 금교령이 내림
1235.	프란시스칸 수도사 루브룩 몽골에 도착, 최초로 한국을 구라파에 소개
1289.	원 나라에 야리가온인 숭복사(崇福寺) 설립
1264.	원 나라와 고려와의 교류가 성행하면서 야리가온이 전해졌다는 전설이 있음.
1368.	명(明) 나라에 의해 원 나라 멸망과 함께 야리가온도 소멸
1541.	스페인 천주교 선교사 사비엘 인도 고아에 선교사역
1549. 8. 15.	사비엘 선교사 일본 가고시마에 도착. 선교사역
1552. 12. 2.	사비엘 선교사 중국 광동성(廣東省) 상천도(上川島)에서 사망
1568.	로마 교황은 카르네이오를 중국 선교사로 임명.
1593. 12. 27.	일본주재 스페인 선교사 세스페데스가 경상도 웅천에 상륙하여 고니시 장군 부대 예배 인도, 조선인 부녀자 및 어린 아이들에게 선교
1603.	서학(西學)에 관한 서적들이 중국을 통해서 유입
1610.	허균 북경에서 천주교 접촉
1614.	일본 도꾸가와 장군 천주교 탄압으로 일본인 신자 순교(일부 조선인 포함)
1619. 11. 18.	일본 나가자키에서 조선인 신자 순교
1628.	독일인 아담 샬 신부 북경에 도착
1644.	인질로 붙들려 갔던 소현세자도 심양에서 북경으로 옮겨 아담 샬

			신부를 만나 천주학에 대해서 배우고 많은 질문을 하다. 천주교에서는 소현세자를 통하여 조선에 천주교를 전하려는 계획을 세웠으며, 그 일을 위해서 귀국시 천주교 서적 등을 유입하였으나 그의 사망으로 실패함
1650.			프란체스코회 안토니오 신부 육로로 한국 입국 시도 실패
1766.			홍대용 북경 천주당에서 서양신부와 교제
1770.			홍유한 충청도 예산에서 서학을 연구하다가 천주교 축일(祝日) 지킴
1775.			홍유한 경상도 소백산 구구리에 숨어서 신앙생활
1777.			천주교 교리연구회 시작
1779.			경기도 양주군 앵자산에 있는 주어사와 천진암에서 강학회(講學會) 실시
1784.	2.		이승훈 중국 북경 천주당에서 그라몽 신부에게 세례받음(한국천주교 시발). 이승훈, 이벽, 권일신에게 세례식 거행
1785.			서울 명례방(현 명동) 김범우 집에서 수십 명의 신도들이 모여 강학회를 가짐. 이 일로 정부 고관에 의해 발각되어 투옥됨. 이 사건을 을사추조적발 사건이라 함. 이후 천주교 활동 금지
1786.			천주교 포교 시작 가성직제(假聖職制) 실시. 윤지충 세례받음. 천주학 서적 수입금지령 발표
1789.	11.		윤유일 북경 천주당에 서신 전달과 함께 세례받음
1790.			한국 천주교 교인들 제사 문제로 탄압 받음
1791.			전라도 진산 출신 윤지충, 권상연 모친 위패를 소각시켰다 하여 전라도 전주 풍남문 밖에서 처형 당함
1792.			북경 천주교 주교 구베아 로마교황에게 조선 천주교 설립 보고
1794.	12.	23.	중국인 신부 주문모 입국. 전국 천주교 신자 4천 명에 달함
1795.			이가환, 정약용 등이 천주교 성서번역시작
1800.			성심수녀회 창설. 천주교 1만 명에 달함
1801.	1.	11	천주교 색출방법으로 오가작통법(五家作統法) 실시 다수의 교인 체포
	2.	24.	이가환 순교
	2.	25.	권철신 순교
	2.	26.	이승훈, 최창현, 최필공, 홍낙안 서소문 네 거리에서 참수
	4.	20.	주문모 신부 용산 새남터에서 순교
	9.		황사영 백서사건 발생
	11.	15.	신유박해로 3백여 명 순교. 정약용 전라도 강진으로 유배
1807.	9.	4.	기독교 첫 선교사로 런던선교회 모리슨 선교사 중국 도착

1811.	3.	3.	천주교 금지령 내림. 충청도 교란.
1815.	2.		을해교난. 경상도 천주교도 3백명 검거. 충청도 교난 재난
1816.	9.	1.	맥스웰과 버질홀이 황해도 대청도 도착
	9.	5.	버질홀이 비인만에서 조대복에게 성서를 전함.
	10.		대구에서 천주교 29명 감옥에서 옥사
1817.	10.		충청도 해미옥에 30명 수감
1818.			정약용 유배에서 해제. 버질홀 「한국서해안 항해기」 발간
1827.	9.		정해교란으로 전라도 곡성 240명 신자 전주옥에 수감
1831.	9.	9.	조선교구 창설 초대 교구장에 브뤼기에르 신부 임명
1832.	7.	27.	네델란드선교회 소속 귀츨라프 선교사는 충청도 홍주성 성주에게 선교 시도
1836.	1.	13.	중국인 모방 신부 입국
	12.		김대건, 최방제, 최양업 등 마카오신학교 입학차 유학 출발
1866.	1.		천주교 병인박해 이후 6년간 탄압
	9.	4.	토마스 선교사 평양 대동강에서 순교
1871.	4.		척화비 설립
1876.	2.		조일 병자수호조약 체결
1876.	봄		이응찬, 백홍준, 이성하, 김진기 만주 영구에서 맥킨타이어 선교사로부터 최초로 세례
1882.	봄		심양에서 로스역인 누가복음, 요한복음 발간
	5		한미수호통상조약 체결
	10.	20.	인천에서 이수정 신사유람단 비수행원으로 도일
1883.	4.	29.	이수정 일본에서 야스가와 목사와 낙스 선교사의 집례로 세례
1884.	6.	24.	일본 주재 미국 감리교 선교사 맥클레이 입국하여 김옥균의 주선으로 고종황제 알현
	9.	20.	미국 북장로교 의료선교사 알렌 입국
	겨울		중국 길림성 즙안현에 조선족교회 설립
1885.	2		이수정 일본 요꼬하마에서 마가복음 1천 부 번역 출간
	4.	5.	미국 북장로교 언더우드, 미국 감리교 아펜젤러 선교사 입국
	4.	9.	알렌 선교사 광혜원 개원 진료 실시
	8.	3.	아펜젤러 배재학당(현 배재중·고등학교) 설립
1886.	2.		언더우드 경신학당 설립
	5.	31.	스크랜톤 부인 이화학당 설립

1887.	봄	엘러스 정동여학당(현 정신여자중·고등학교) 설립
		보구여관(현 동대문이대병원) 설립
		언더우드, 아펜젤러, 스크랜톤, 헤론 등 성서번역위원회 조직
	9. 14.	새문안교회 설립
	10. 9.	정동감리교회 설립
1888.	1.	최초의 유년부 교회학교가 스크랜톤 부인에 의해 출발
1889.	10.	호주 장로교 선교사 데이비스 남매 입국, 오빠 데이비스 사망
		마펫 선교사 입국
		미국 침례교 선교사 펜윅 입국
	12. 8.	미국 북장로교와 호주장로교 선교부가 협의하여 연합선교공의회 조직
1890.	7.	의료 선교사 헤론의 사망으로 그 시신을 서울 합정동 양화진에 안치
	9.	영국 성공회 선교사 입국
1891.	1. 15.	부산진교회 설립
	10.	호주 장로교 선교사 남녀 4명 입국 경남지방 선교담당
1892.	10-11.	미국 남장로교 7인 선교사 입국 호남지방 선교담당
1893.	1. 28.	선교구역 분할 협정 체결
	4.	장로교 미션연합공의회 조직
		장감 선교부 연합으로 평양 기홀병원 개원
		부산 일신병원 개원
	6.	전주 서문교회 설립
	12.	매켄지 선교사 단독으로 입국
1894.	1. 8.	평양 장대현교회 설립
	봄	군산 구암병원 개원
		평양 숭실학당 설립
1895.	10.	미국 남감리교 리드 선교사 입국
1896.	겨울	일본인 전도자 노리마쯔 수원에서 선교활동
1897.	2. 2.	감리교에서 「조선그리스도인 회보」 창간
	4. 1.	장로교에서 「그리스도 신문」 창간
	봄	감리교 서울구역회 조직
		전주 예수병원 설립
		목포교회 설립
		목포 제중병원 개원
	9.	미 남감리회 중국 연회에서 한국 지방회를 조직

	12.		미 남감리회 한국 지방회를 한국 선교회로 개칭
1898.	1.		러시아 정교회 알렉세예프 선교사 입국
	9.		캐나다 장로교 선교사 4명 입국, 함경도지방 선교담당
			원산 구세병원 개원
1899.	봄		대구 동산병원 개원
1900.	봄		일본 요꼬하마에서 신약전서 완역 37,000부 발간
1901.	1.		미국 감리회 김창식, 김기범 최초로 목사 안수
			미국 감리회 서지방회(인천 중심), 북지방회(평양 중심), 남지방회
			(서울 중심) 등 3개 지방회 조직
	봄		평양 마펫 선교사 사랑채에서 장로회신학교 개교
			선천 미동병원 개원
	9.		장로공의회 조직
1903.	10.	28.	황성기독교청년회 조직
1904.			함흥 제혜병원 개원
1905.	6.		3개 지방 감리회가 모여 한국선교연회를 조직
	7.	1.	장감 연합으로 「그리스도 신문」 발간
	9.		4개 장로교 선교부와 2개 감리교 선교부가 연합하여 '한국복음주
			의선교연합공의회'를 조직
			장감선교공의회 내에 주일학교 위원회 설치
	11.		장감연합으로 'The Korean Mission Field' 창간, 을사보호조약 체결
			장로회 공의회에서 1주간 구국기도회 실시
1906.	3.		진주 베돈병원 개원
	7.		그리스도신문 발행
	가을		캐나다 선교부 중국 연길 용정에 개설
1907.	1.	6.	평양 장대현교회 대부흥운동 시작
	5.	3.	동양선교회 창립(한국 성결교회)
	6.		장로회신학교 제1회 7인 졸업
	7.		감리교 협성신학교 설립
	9.	17,	대한예수교장로회 독노회 조직
			한국인 7인 목사 탄생
			이기풍 목사 제주도 선교사로 파송
1908.	3.		서울 정동감리교회에서 한국연회를 조직하고 일본 주재 해리스 선
			교사가 초대 감독으로 선임

	10.		구세군 영국인 호가드 선교사 입국
	11.		경성성서학원 설립
	가을		장감 연합으로 「찬송가」 발행
			정익로 장로, 김정식 총무 등이 일본 동경에 YMCA 창립 및 동경 교회 창립
			미국 남감리회 동만주 선교 개시
	12.		동양척식회사 발족
1909.	4.		일본 조합교회 식민지 전도를 위해 와다세 입국 및 조합교회 설립
	10.		만주 하얼빈역에서 안중근 일본인 이토 히로부미 사살
	10.	12.	한석진 목사 도일 3개월 간 동경교회 시무
1910.	8.	29.	한일병탄 체결과 동시 식민지로 전락
	가을		최중진 목사 전북 매계에서 자주교회 선언
1911.	9.	17.	대구에서 모이는 제5차 독노회에서 총회 조직을 위한 결의
	10.		전라노회 조직을 필두로 해서 평안북노회, 평안남노회, 황해노회, 함경노회, 경상노회, 경기충청노회가 차례로 조직
	11.		105인 사건
			미국 감리교 북만주 선교 개시
1912.	9.	2.	7개 노회가 모여 대한예수교장로회 총회 조직 초대 총회장에 언더우드 선교사 선임
			중국 산동성에 박태로, 사병순, 김영훈 목사를 선교사로 파송
	9.		동경교회는 장감연합으로 교역자 파송
	12.		동양선교회 서울 지부를 설치 초대 감독에 영국인 토마스 선교사가 취임
1913.	8.		일본조합교회 조선지방회 조직
	11.		조선예수교장로회 총회 창립(1912년) 기념으로 박태로, 사병순, 김영훈 목사를 중국 산동성 선교사로 파송
1914.	4.		조선 YMCA연합회 조직
1915.	3.	5.	연희전문학교 설립(경신학당 대학부)
	12.	7.	기독신보 창간
1916.	2.		감리교 신학세계 창간
1917.	9.	1.	총회에서 제2차로 방효원, 홍승한 목사를 산동성 선교사로 파송
			세계 제2차 대전 종결
1918.	2.		조선예수교장감연합협의회 조직(KNCC)

	3.		장로회신학교 「신학지남」 발간
	4.		파리에서 모이는 국제평화담에 한국 대표 파송
	12.		미 남감리회 선교연회를 남감리회 연회로 개편
1919.	2.	8.	일본 동경 유학생이 모여 2·8독립선언 성명서를 발표
	3.	1.	서울 파고다공원에 모여 3·1독립선언과 함께 독립만세 시위 이후 전국 및 만주지역까지 확산
	4.		중국상해 임시정부 수립
1921.	9.	1.	일본 조선조합교회 해산 조선회중교회로 개편 초대 회장 유일선 목사
	11.	1.	조선주일학교 제1회 대회 개최
1922.			여름조선주일학교에서 하기성경학교 처음 실시
1923.	8.		조선 YWCA 조직
	9.	1.	일본 관동대지진 발생
	9.		조선기독교여자절제회 조직
			대구 이만집 목사 자치교회 선언
			물산장려운동 조직
1924.	3.		김교신 무교회 주장
	9.	24.	조선예수교연합공의회(KNCC) 창립 총회
	12.		면려청년회(C. E.) 조선연합회 조직
	12.	19.	경기충청노회에서 경기노회 분립
1925.	1.	20.	충청노회 분립
	6.		캐나다 장로교 선교부는 캐나다 연합교회 선교부로 개칭, 일부 캐나다 장로교 선교부는 재일한국인 선교사 활동
			서울 남산에 조선신궁 완공
1924.	3.		오사카에서 조선예수교회 제1차 신도대회 개최
1926.	6.	10.	6·10만세 운동
	9.		제4회 조선예수교연합공의회에서는 YMCA, YWCA, 조선주일학교연합회, 영국성서공회 등 12개 단체가 참여
	겨울		오순절 한국 선교 출범
1927.	10.	3.	캐나다 장로교 선교부 영 선교사 도일 재일 동포 전도 출발
1928.	9.		조선예수교장로회 「사기」 발간
			금주운동 전개
	12.		여전도회 전국연합회 조직
1929.	1.	25	「주일학교 선생」 창간

	가을		평양에서 권세열 선교사에 의해 '성경구락부' 창설
1930.	1.		「종교교육」 창간
	12.	2.	남북감리교회 합동 초대 총리사에 양주삼 목사
1931.	9.		만주사변 발발
1932.	12.	3.	「종교시보」 창간
			평양 서기산 추계 황령제에 미션학교 불참
1933.	10.	6.	제4회 전 조선주일학교 대회
			조선예수교회 창립
1934.	3.	23.	재일본 조선기독교회 창립
	11.	21.	여권문제 필화 사건
	가을		재일 조선기독교대회 조직
			한국기독교 희년대회
			장로교 「신편찬송가」 발간, 감리교 「신정찬송가」 발간
			조선예수교연합공의회 해산
1935.	9.		신사참배 강요
	12.	22.	기독교대한 복음교회 창설 초대 감독에 최태용 목사
1937.	7.	7.	중일전쟁 발발
	4.	16.	만주 장춘에 만주사평가성경학교 개설(후에 만주신학교로 개칭)
	11.	26.	만주 조선기독교 총회(장로교. 감리교, 성결교회, 동이기독교)와 함께 6개 교구로 개편 창립
1938.	7.		조선기독교연합회 결성 회장에 일본인 와니 목사 선임
	9.	25.	제27회 장로회 총회에서 신사참배 결의
	9.	20.	신사참배 거부하며 장로회신학교 폐교
	가을		신사참배 반대로 장로교 미션학교는 모두 폐쇄
1939.	3.		조선신학원 기성회 조직
	9.		장로회 총회에서 '국민정신총동원조선예수장로회연맹' 조직
	11.		성명서와 함께 모든 교회로 하여금 신사참배, 궁성요배, 황국신민서사 제창 후 예배를 시작하도록 함
1940.	1.	16.	재일조선기독교회 임시 대회 및 일본기독교회로 합동 결의
	2.	11.	조선총독부의 인가로 평양신학교 설립 초대 교장에 채필근 목사
	4.	2.	조선신학원 조선총독부 경기도 학무국의 허가로 서울 승동교회 1층에서 개교, 이사장 및 원장에 김대현 장로 교수에 김재준, 윤인구 목사
	9.		조선예수교장로회 총회는 해산 후 일본기독교 조선장로교단으로

			개편 모든 조선 기독교 각 교단들이 일본 기독교 교파 교단에 예속
	11.		전국 교역자 300여 명 불법 감금
			선교사 전원 강제 출국
	12.	10.	캐나다 영 선교사 일행 강제 출국
1941.	3.	10.	기독교조선 감리교단 만주교구로 개편
	8.		각 교단별로 애국기 헌납 운동 전개
			조선청년들을 징병, 징용, 여성 정신대 동원령 발표
	10.		경성교구에 속한 성직자들이 부여신궁 건설에 부역
	11.		순천노회 15인 목회자 구속
	11.	26.	중국 길림성 장춘에서 만주조선기독교 총회 창립
	12.	8.	태평양전쟁 발발 및 비상조치에 의해 재일조선기독교 목사, 장로, 전도사 18명 구속
1943.	1.		각 교단은 해산시키고 교단 통폐합 운동 추진
	12.		성결교회 해산
1944.	봄		각 지역 교회 통폐합 실시 주일 밤과 수요일 밤 예배 폐지
1945.	7.		일본기독교 조선교단 출현 초대 총리 김관식 목사, 총무 송창근 목사
	8.	15.	일제의 패망과 해방
			신사참배 반대하다 투옥되었던 성직자 및 일반 신도들 석방
			출옥 성직자들 산정현교회에 모여 5개 개혁안 발표
			소련군 북한 진주와 함께 남한은 미군이 진주하여 각각 군정 실시
	9.	8.	동대문 감리교회에서 3연회를 조직
	10.		구세군 재건
	11.		성결교회 총회 재건 총회장 박현명 목사 피선
			경성신학교 재건
	11.	14.	평북노회 주최로 6개 노회 퇴수회 모임
	11.	15.	교토 한인교회에서 재일기독교연합회 재건
	11.	16.	평북 용암포 지역에서 기독교사회민주당과 공산당과의 충돌로 인하여 신의주학생의거 사건 발발
	11.	27.	정동제일교회에서 조선기독교 남부대회를 개최
	12.		이북 5도 연합회 조직
1946.	2.	10.	일본 동경교회 재건
	3.	1.	북한에서 3·1절 행사를 평양역 광장과 장대현교회에서 각각 실시, 이 일로 기독교와 공산당과 충돌

	6.	12.	남한 장로회 남부대회 결성 총회장에 배은희 목사가 선출됨. 제27회(1938) 총회시 신사참배 결의를 취소하고 조선신학교를 직영하기로 결의. 지방노회가 재건됨에 따라 조선주일학교연합회도 재건됨. 1948년 명칭을 대한기독교교육협회라 부름
	6.		여전도회 전국대회를 서울 연동교회에서 개최하고 재건
	9.	3.	장로교, 감리교, 성결교, 구세군 등 지도자들이 모여 '조선기독교연합회' 조직
	9.		충남 강경에서 동아기독교를 재건하고 1949년 9월 교단 명칭을 기독교대한침례회라 함. 제48회 경남노회에서 고려신학교를 신설하고 고려파가 예장에서 이탈
	11.	3.	북한은 주일에 인민위원회 선거를 실시하려고 할 때 기독교가 반대하자 목사 및 반대자를 구속
	11.	28.	평양에서 조선기독교도연맹(KCF) 조직
1947.	4.	18.	제2회 남부 총회에서 조선예수교장로회 총회로 개편
	3.	1.	서울운동장에서 3·1절 기념식 거행
1948.	5.		박형룡 박사를 중심으로 보수신학을 수호한다면서 조선신궁자리에 장로회신학교 설립
	5.	10.	남한 단독으로 국회의원 선거 실시
	8.	15.	남측은 대한민국 정부 출범
	9.	9.	북측은 조선민주주의인민공화국 정부 출범
1949.	4.	22.	교단 명칭을 '대한예수교장로회'로 변경
	5.		출옥 성도를 중심으로 예장에서 이탈 재건파를 조직
	7.		서울 새문안교회에서 면려청년회 재건
1950.	3.		평양 신학교와 성화신학교를 통합하여 기독교신학교로 개편
	6.	25.	6·25 한국전쟁 발발
	가을		중국 기독교는 스스로 삼자애국교회로 선언
1951.	1.		대구에서 군종학교 설립과 동시 군목제도 실시
	5.		임시 수도 부산에서 제36회 총회가 속회 장로회신학교와 조선신학교를 취하하고, 그 해 9월 대구에서 총회가 직영하는 총회신학교를 개교
1953.	6.	10.	일부 김재준 목사지지 총대원들이 이탈하여 서울 한국신학대학 강당에서 대한기독교장로회(후에 한국기독교장로회)라는 명칭으로 교단을 설립 총회장에 김세열 목사
	7.	27.	판문점에서 휴전협정 체결

1954.	4.	총회신학교 예과 1년, 2년생은 상경하여 조선신궁터에 자리잡고 수업
	4. 26.	제39회 총회에서 제27회(1938) 총회시 결의된 신사참배 취소하고 참회 기도회 실시
	5.	문선명 통일교 창설
1955.	4.	총회신학교가 상경하고 장로회신학교로 명칭 변경
	11.	경기노회에서 박태선 집단 이단으로 규정
1956.	9.	총회에서 나운몽 이단으로 규정
1958.	1.	루터교 선교회 창립
	5. 29.	장년면려회(남선교회 전국연합회) 조직
	10.	김준곤 목사 대학생 선교회 발족
1959.	9. 28.	제44회 대전 총회에서 합동측과 분립후 통합측은 서울 연동교회에서 속회 분립
	11.	서울 승동교회에서 제44회 합동측 속회 총회로 분립
		제44회 총회 분열로 장로회신학교도 분열됨. 통합측은 장로회신학대학교, 합동측은 총신대학교
1960.	2. 19.	합동측과의 통합을 위해 WCC 탈퇴
	3. 15.	정부통령 선거시 자유당 부정 선거로 마산 의거 사건 발발
	4. 19.	4·19 학생 혁명
	9.	고신과 합동측 통합(1963년 9월 각각 환원)
1961.	4.	총회에서 서울여자대학 설립
	5. 16.	박정희 소장 군사 쿠데타
1963.	5.	KNCC 초청으로 일본 NCC 대표단 입국
	11.	일본 NCC 초청으로 KNCC 대표 도일
1965.	6. 22.	한일국교 협정
	7. 5.	영락교회에서 한일국교 비준 반대 집회가 개최 일부 교인들 시위
1966.	9.	한국기독교장로회 총회장 초청으로 일본기독교단 오무라 의장 방한
	가을	중국인민공화국 문화혁명으로 기독교 탄압
1967.	2. 16.	공명선거추진을 위한 운동으로 기독교 염광회 창립
	6. 8.	박정희 대통령 재선으로 재집권 야당후보인 윤보선 낙선
		KNCC 6·8 부정 선거에 대하여 성명서 발표
	9.	예장 총회장의 초청으로 일본 기독교단 스스끼 의장 방한
1969.	1.	박정희 대통령 3선 출마의 길을 모색함
		기독교 염광회에서는 이 소식을 접하고 3선 개헌반대 운동에 돌입

	9. 8.	KNCC에서 3선 개헌 반대 성명서 발표
		대한기독교연합회 및 예장 합동측 3선 개헌 지지 성명서 발표
	9. 14.	국회에서 3선 개헌 통과
	9. 29.	WCC 재가입
1971.	4. 4.	제7대 대통령 선거 박정희 대통령 후보 당선, 야당 후보인 김대중 낙선
	봄	중국 북경에 최초로 개신교 및 천주교가 각각 개방
	12.	군사정부는 국가비상사태 선언
1972.	봄	조선기독교도연맹에서는 평양신학원을 개원하고 학생 10명을 모집 교육실시
	7. 18.	'7·4 남북공동성명서' 발표
	10	10월 유신선언 비상계엄선포
	12	유신헌법 발표
1973.	5. 30.	빌리 그레함 한국 전도대회 여의도 광장에서 실시
	6.	아시아방송국 개국
	7.	서울 아카데미하우스에서 제1회 한일교회협의회 개최
1974.	1.	대통령 긴급조치 1호, 2호 선포 위반으로 성직자구속속출
	2. 25.	KNCC 인권위원회 조직
	7. 18.	KNCC 민주화 및 구속자를 위한 목요기도회 정례화
	8. 13.	한국대학생회(CCC) 주최로 여의도 광장에서 '엑스플로'74 대회'
	11.	목사 기독교 교수 등 66명이 참가하여 '한국 그리스도인의 신학적 성명' 발표
1975.	2.	총회에서 종교탄압 중지 요청 성명서 발표
	3. 20.	서울 연동교회에서 '기독교정의구현전국성직자단' 조직
	5. 8.	서울 아카데미하우스에서 구속된 성직자 석방운동 전개
	7. 25.	총회에서는 서울 연동교회에서 구속된 성직자에 대한 입장 성명서 발표
1976.	3. 1.	명동성당에서 구국선언문 발표, 여기에 참여했던 교계인사 전원구속
	5.	찬송가합동추진위원회 결성
1977.	8. 15.	여의도광장에서 민족복음화 성회 개최
	10.	서울에서 세계기독실업인대회(CBMC) 개최
1978.	9.	KNCC 산업선교신학 정립협의회에서 '산업선교신학 선언문' 제정
1979.	7.	미국 카터 대통령 방한시 교계지도자와 환담

	8.	총회에서 '산업선교는 하나님의 명령' 성명서 발표
	10.	부산과 마산에서 유신 철폐 시위로 부마항쟁
	10. 26.	청와대에서 중앙정보부장 김재규에 의해 박정희 대통령 사살
	12. 12.	신군부에 의해 쿠데타
		중국 정부의 개방정책으로 각 교회마다 삼자애국교회 간판을 내걸고 재건운동
1980.	5. 18.	신군부는 정권을 장악하기 위해 제주도를 제외한 전 지역에 계엄령 선포, 이에 항의한 광주지방 시민 학생들에 의해 민주화 운동 전개
	5. 30.	국가보위비상대책위 설치(위원장 전두환)
	8. 27.	장춘체육관에서 전두환 위원장을 11대 대통령으로 선출
1981.	3.	전두환 정부 출범
1982.	2. 11.	KNCC 목요 기도회 재개
1983.	봄	조선기독교도연맹에서 신·구약성경 발간
	12.	통일찬송가 발행
1984.	2.	재일대한기독교회와 일본기독교단이 선교협약 체결
	8. 15.	여의도 광장에서 한국 기독교 100주년 선교대회 개최
		조선기독교도연맹에서 무곡찬송가 발간
	9. 21.	제69회 총회의 결의에 따라 1985년 1월 4일 총회 인권위원회 조직 활동
	10. 29.	일본 동경에서 WCC 국제위원회가 주관하여 '한반도 평화' 란 주제로 모임
1985.	4. 5.	인천에 한국 기독교 100주년 탑 건립
	10.	KBS-TV 시청료 거부운동 전개
	11. 11.	WCC 국제위원회 E. 바인게르트 간사가 조선기독교도연맹 초청으로 북한 방문
1986.	4. 18.	미국교회협의회 대표 10명이 북한 방문
	6. 13.	CBS 기능정상화 범기독교추진위원회 결성
	8. 25.	KNCC 주최로 인천 송도 비취 호텔에서 '교회와 평화통일' 을 위한 세미나 개최
	9. 29.	'대한예수교장로회 신앙고백서' 선포
	9. 2.	WCC 국제위원회 주관으로 스위스 글리온에서 남북 지도자 첫 상면
1987.	5. 6.	일본 NCC 대표 마에지마, 나까지마 목사 북한 방문
	5.	총회에서는 4·13 호헌조치를 철폐하라는 총회장 목회 서신을 전

		국 교회에 발송
	6. 10.	4·13 호헌을 철폐하라는 6·10 항쟁 시민운동 전개
	6. 17.	미국 NCC 북한 방문
	6. 22.	4·13 호헌 철폐 위한 '나라를 위한 기도회'를 총회 인권위원회 주관으로 서울 새문안교회에서 모임
1988.	2.	노태우 대통령 정부 출범
	4. 25.	KNCC 주최로 국내 인사 200명, 외국 인사 100명 등이 참가하여 '세계기독교 한반도 평화협의회'를 개최
	7. 5.	총회 인권위원회 주최로 서울 새문안교회에서 교권수호를 위한 전국교회 비상기도회를 개최한 후 종로 5가 총회 본부까지 항의 행진
	10.	평양 봉수교회 봉헌
	11. 23.	스위스 글리온에서 남북 지도자 2차 접촉 후 '글리온 공동선언' 발표
1989.	2. 26.	3·1운동 70주년 기념 심포지엄 실시
	7. 29.	재일대한기독교회 대표자들이 평양 조선기독교도연맹 방문
	9. 27.	호주연합교회 한국선교100주년 기념예배 실시
	11.	경기도 용인에 한국기독교순교자기념관 개관
	12. 28.	한국기독교총연합회(CCK) 창립
1990.	3. 1.	CCK '사랑의 쌀 나누기 운동' 전개
	3.	호주연합교회에서 '분단된 한국의 통일' 선언문 발표
	7.	CCK 사랑의 쌀 나누기 운동 본부에서 쌀 1만 가마를 홍콩을 통해 북한에 전달
	7. 10.	재일대한기독교 주관으로 일본 동경에서 남북교회 지도자 및 WCC 회원 국가 대표자들이 함께 만남
	9. 20.	제75회 총회에서 사형제도폐지위원회 설치 결의 후 사형제도폐지원회 발족
1991.	5. 30.	총회 인권위원회 주관으로 100주년기념관에서 '인권탄압 종식을 위한 비상시국기도회' 개최
	7. 12.	재일대한기독교 주관으로 일본 동경에서 남북지도자 2차 만남
1992.	3. 12.	총회 창립 80주년 기념 심포지엄 개최
	5. 11.	총회 창립 80주년 기념대회
	9. 27.	미국 남장로교 한국선교100주년 기념예배
	11.	평양 칠골교회 봉헌
1993.	2.	문민 정부 김영삼 대통령 취임

1994.	6.	2.	동경에서 제4차 모임을 개최 이때 재일대한기독교회와 선교협약을 맺고 있는 한국교회의 6개 교단과 함께 만남
	9.		제 79회 총회에서 여성안수통과
1995.	1.	5.	총회 사상 합동 총회장이 총회 신년 하례식에 참가 축사
	2.	28.	총회 임원과 합동측 임원과 첫 상면
	5.	18.	총회 인권위원회와 호남지방 각노회 인권위원회 공동주관으로 5·18 광주민주항쟁 기념예배
	5.	27.	총회(79회) 결의에 의해 여성안수 실시를 위한 헌법개정 발표
	8.		미국 신시내티에서 광복 50주년 기념 통일을 위한 모임을 개최
	12.		기독교 텔레비전 방송 개국
1996.	4.	28.	서울노회에서 첫 여성장로 안수
	6.	6.	재일대한기독교회 주최로 남북 기독자 제5차 일본 동경 모임을 개최
	10.	8.	울산노회에서 첫 여성목사안수
1997.	10.	14.	호주연합교회 및 호주한인교회협의회 대표자들이 조선기독교도연맹의 초청으로 북한 방문
1998.	2.		국민의 정부 김대중 대통령 취임
	3.	8.	조선기독교도연맹 대표 4명이 호주연합교회 초청으로 호주 방문
	10.	8.	재일대한기독교회 주최로 남북 기독자 제6차 모임을 일본 오사까에서 개최 재일대한기독교 선교 90주년 기념
1999.	3.		한기총 '사랑의 쌀 나누기 본부'에서는 현재까지 11억 원에 해당되는 쌀을 북한에 전달
	4.	16.	한기총 북한난민 보호 UN 청원운동 발족
	12.	18.	1차, 2차 옷보내기 운동본부에서 20만 벌을 북한에 보냄
2000.	6.	15.	평양에서 김대중 대통령과 김정일 국방위원장 남북정상회담 개최 후 '남북공동합의문' 발표
	7.	10.	총회 사형제도폐지위원회 창립 10주년 기념 및 제9회 사형제도폐지정책협의회 개최
	8.	15.	남북 적십자의 주선으로 남북 이산가족 100명씩 교환 실시
2004.	4.	26.	한국성지순례선교회 창립
2005.	4.	5.	아펜젤러, 언더우드 선교사 내한 120주년 기념식
2005.	8.	12.	한기총 기독교 문화재 발굴보전운동본부 발족

참고문헌

곽안련. 「장로교회사던휘집. 경성 : 조선야소교서회」, 1918.
곽안전. 「한국교회사」. 서울 : 대한기독교서회. 1973.
구라다 마사히코. 「일제의 한국 기독교 탄압사」. 서울 : 기독교문사. 1991.
길진경. 「영계 길선주」. 서울 : 종로서적. 1980.
김광수. 「한국 기독교 성장사」. 서울 : 기독교문사. 1984.
김남식. 「한국 기독교 면려운동사」. 서울 : 성광문화사. 1979.
김수진. 「한국교회 평신도운동사」. 서울 : 기독교문사. 1985.
_____. 「6·25 전쟁의 순교자들」. 서울 : 대한기독교서회. 1981.
_____. 「자랑스러운 순교자」. 서울 : 범론사. 1981.
_____. 「평신도운동과 교회성장」. 서울 : 대한예수교장로회 총회출판국. 1989.
_____. 「한일교회의 역사」. 서울 : 대한기독교서회. 1990.
_____. 「일본 개신교회사」. 서울 : 홍성사. 1994.
_____. 「중국 개신교회사」. 서울 : 홍성사. 1997.
_____. 「아름다운 빈손 한경직」. 서울 : 홍성사. 2000.
_____. 「광주지방 초기 기독교사 연구」. 전주 : 호남기독교사연구회, 1994.
_____. 「호남선교 100년과 그 사역자들」. 서울 : 고려글방, 1984.
_____. 「호남기독교 100년사」. 서울 : 쿰란출판사, 1998.
_____. 「목포지방 기독교 100년사」. 서울 : 쿰란출판사, 1994.
김수진. 한인수. 「한국 기독교사(호남편)」, 서울 : 대한예수교장로회 총회출판국, 1979.
김수진. 주명준. 「일제의 종교탄압과 한국교회의 저항운동」. 서울 : 쿰란출판사.
김승태. 「한국 기독교의 역사적 반성」. 서울 : 기독교문사. 1993.

　　　　.「한국 기독교의 역사적 반성」. 서울 : 다산글방, 1994.
김승태 편.「한국 기독교와 신사참배 문제」. 서울 : 한국기독교역사연구소, 1991.
김양선.「한국 기독교 해방 10년사」. 서울 : 대한예수교장로회 총회출판국, 1979.
　　　　.「한국 기독교사연구」. 서울 : 대한예수교장로회 총회출판국, 1971
김요나.「총신 90년사」. 서울 : 양문사, 1991
김인수.「한국 기독교회의 역사」. 서울 : 장로회신학대학교 출판부, 1997
김정현.「JOHN ROSS 한국의 첫 선교사」. 대구 : 계명대학교 출판국, 1982
김진환.「한국교회 부흥운동사」. 서울 : 크리스챤비죤사, 1976.
김흥수 편.「해방 후 북한교회사」. 서울 : 다산글방, 1992.
리진호.「동양을 섬긴 귀츨라프」. 서울 : 감리교출판사, 1988.
　　　　.「한국 성서 백년사」. 서울 : 대한기독교서회, 1996.
민경배.「한국 기독교사」. 서울 : 대한기독교서회, 1984.
　　　　.「대한예수교장로회 백년사」. 서울 : 대한예수교장로회 총회출판국, 1984.
박은식.「한국 독립운동의 혈사」. 서울 : 단국대학교 출판부, 1990.
백낙준.「한국 개신교사」. 서울 : 연세대학교 출판부, 1973.
백낙준 편.「대한예수교장로회사기」. 서울 : 한국교회사학회, 1968.
안광국.「한국선교 백년비화」. 서울 : 대한예수교장로회 총회출판국, 1979.
양주삼.「조선감리교회 30년 기념보」. 경성 : 조선감리회 전도국, 1929.
오윤태.「선구자 이수정」. 서울 : 혜선출판사, 1984.
윤경로.「105인 사건과 신민회연구」. 서울 : 일지사, 1990.
　　　　.「한국 근대사의 기독교사적 이해」. 서울 : 역민사, 1992.
이덕주.「한국교회 처음 여성들」. 서울 : 기독교문사, 1990.
　　　　.「나라의 독립과 교회의 독립」. 서울 : 기독교문사, 1988.
이덕주. 조이제 편.「한국 그리스도인들의 신앙고백」. 서울 : 한들, 1997.
이만열.「한국 기독교사 특상」. 서울 : 성경읽기사, 1985.
　　　　.「한국 기독교문화 운동사」. 서울 : 대한기독교서회, 1987.
이명남편,「충남노회50년사」, 기독교 문화사, 1999.

이명직.「조선야소동양선교회 성결교회약사」. 경성 : 동양선교회성결교회 출판부, 1929.
이성삼.「한국 감리교회사」. 서울 : 기독교대한감리회 교육국, 1980.
이영헌.「한국 기독교사」. 서울 : 컨콜디아사, 1980
이천영.「성결교회사」. 서울 : 기독교대한성결교회출판사, 1970.
이호운.「한국교회 초기사」. 서울 : 대한기독교서회, 1970.
정규태,「충남노회사」. 예루살렘, 1992.
장병욱.「6·25 공산남침과 교회」. 서울 : 한국교육공사, 1983.
장형일.「한국 구세군사」. 서울 : 구세군대한본영, 1975.
전성천.「영남교회사」. 서울 : 양서각, 1987.
KNCC편.「80년대민주화운동(5)」. KNCC인권위원회, 1990.
차재명 편.「조선예수교장로회사기」. 경성 : 신문로교회당, 1928.
총회편.「94년도 79총회촬요」. 한국장로교출판사, 1994.
총회편.「95년도 80총회촬요」. 한국장로교출판사, 1995.
최 승.「충청노회사」. 한국장로교출판사, 2001.
한국기독교역사연구회 편.「한국기독교의 역사. 1. 2」. 서울 : 기독교문사, 1990.
한규무.「일제하 한국 기독교 농촌운동」. 서울 : 한국기독교역사연구소, 1997.
Huntley, Martha. *The Foundations of Protestant Mission in Korea*(1884-1919) Seoul : Preabyterian Curch of Korea, 1987
Rhodes, H. A. ed,. *History of the Korea Mission*, Presbyterian Church USA 1884-1934. Vol. 1. Chosun Missions Presbyterian Church, USA. 1934
Brown, G. T. *Mission To Korea*, Board of World Mission. Presbyterian Church, U. S. 1962